監修者——木村靖二／岸本美緒／小松久男／佐藤次高

［カバー表写真］
ワットの肖像（左）とスティーヴンソンの肖像（右）

［カバー裏写真］
スティーヴンソンのロケット号（復元）

［扉写真］
ワットの工房

世界史リブレット人59

ワットとスティーヴンソン

産業革命の技術者

Ōno Makoto
大野誠

目次

「自助の精神」とともに

蒸気機関の発明家であるジェームズ・ワット（一七三六〜一八一九）とジョージ・スティーヴンソン（一七八一〜一八四八）の名前が日本で広く知られるようになったのは、いったいいつごろのことだろうか。少数の専門家を別とすれば、それは間違いなく中村正直が翻訳した『西国立志編』によってであった。この翻訳書が刊行されたのは、明治維新直後の一八七一（明治四）年である。著者はスマイルズ▲で、原題は『セルフ・ヘルプ』（*Self Help*、一八五九年）であった。この「セルフ・ヘルプ」について、著作の本文冒頭にはこう記されている。「天はみずから助くるものを助く」（Heaven helps those who help themselves）。神は自助の精神をもつ人、つまり自分の力で一生懸命努力している人に必ず救いの

▼**サミュエル・スマイルズ**（一八一二〜一九〇四）　エディンバラ大学を卒業し、数年間は医師を務めた。その後『リーズ・タイムズ』の編集で生計を立てた。一八四〇年にはノース・ミッドランド鉄道の開通式に参加し、スティーヴンソンと面識をえた。四五年から二一年間、リーズ・サースク鉄道など鉄道会社の役員を務めた。『セルフ・ヘルプ』はイギリス国内で初版二万部、一九〇五年までに計二六万部販売され、欧米各国で翻訳された。日本とイタリアで大変な人気を博したことが知られている。

手を差し伸べるので、頑張ろうという願いが込められている。スマイルズは「自助の精神」を広めようと、その具体例を欧米の歴史上の人物に求め、その生きざまから教訓を引き出そうと試みたのである。この類の教訓書は他にいくらでもあるが、この自助論の特色は、「貴賤に限らず、勉強忍耐の人」を取り上げている点にある。その代表例が、ワットやスティーヴンソンのような、伝統的な社会観では低く位置づけられた技術者たちであった。

スマイルズはスコットランドの出身で、当初志した医師に見切りをつけ、二六歳のとき(一八三八年)にイングランドの産業都市リーズに移り、急進派の雑誌『リーズ・タイムズ』の編集に携わるようになった。チャーティズム▲や穀物法撤廃▲の運動にも関わり、台頭著しい中産階級と労働者階級の息吹にじかにふれた。しかし彼にとって、労働者の権利拡大運動も中産階級の政治運動も社会の原動力として魅力あるものではなかった。日々新しい創意・工夫を生み出している技術者こそ、新しい時代を切り拓くヒーローであった。彼らは生まれや育ちこそ「貴」でなく「賤」であるが、刻苦勉励《こっくべんれい》し、発明や改良を生み出し、それによって産業を大変革したり、あるいは新しい産業を起こしたりして、社

▼チャーティズム　一八三八～五八年にかけて労働者階級がおこなった議会改革運動。一八三二年に第一回選挙法改正がおこなわれたが、労働者階級には選挙権が与えられなかったため、三八年にロンドン労働者協会は男子普通選挙権、無記名秘密投票、選挙区の有権者数均等制など六項目を掲げた人民憲章(ピープルズ・チャーター)を発表して、議会改革運動を始めた。この運動をチャーティズム、その担い手をチャーティストと呼ぶ。運動自体は挫折したが、要求のほとんどはのちの時代に実現した。

▼穀物法撤廃　穀物法は、自国の農業を守るために、穀物の輸出入を規制する法のことで、中世以来、さまざまなタイプのものが存在した。十九世紀イギリスでもっとも重要と考えられるものは、ナポレオン戦争終結直後の一八一五年につくられた法で、国内産穀物の価格を基準としてそれより安い外国産穀物の輸入を禁止するものであった。この法はその後改正されたが、四六年に、自由貿易を推進するためにこの法の撤廃を求めたマンチェスタを中心とした

会の牽引力となっていた。スマイルズのこのような技術者重視の姿勢は、自助論の前後に執筆した作品が、ワットやスティーヴンソンを含む一連の技術者伝であったことに端的にあらわれている。

スマイルズの『西国立志編』は、日本で熱烈に歓迎された。明治政府によって「脱亜入欧」がはかられ、急激な欧化政策が実施された。それは明らかに社会変革をともなうものだった。江戸時代の「士農工商」の身分秩序は否定され、それにかわる社会規範を求めて、欧米先進国の実情が調査・報告された。その先駆けとなったのが『西国立志編』であった。そこでは「貴賤に限らず、勉強忍耐」で功成り名遂げることが力説されていた。また、これより少し前には福澤諭吉▲が『西洋事情』(一八六六～六九年)で西洋文明の特質を論じていた。この著作の扉絵(四頁上段解説参照)に描かれているように、西洋文明の力を代表するのは科学技術であり、具体的には蒸気と電気であった。

これ以来、日本では子ども向けの発明・発見物語を含めて、蒸気機関、蒸気機関車の発明者はと問うと、ワットとスティーヴンソンと答える伝統が形成された。

工業立国派と、旧来からの農業利益を守るためにこの法の継続を唱える地主層が激突し、結局、前者の勝利で終わった。当時のピール内閣が瓦解しただけでなく、保守党も分裂した。

▼**福澤諭吉**(一八三五～一九〇一) 明治前期の近代化論者。豊前国(現在の大分県)中津藩の下級武士の次男として生まれた。一九歳で長崎に遊学し蘭学を学び、翌年大坂の緒方洪庵の適塾に入門した。一八六〇～六七年まで幕府に出仕し、咸臨丸での渡米を皮切りに、幕府の使節に随行し、三度、欧米を視察した。その経験をもとにして西洋を紹介する『西洋事情』を著した。六八年にはそれまでの塾を改革し、西洋の学校制度を取り入れた「慶応義塾」を創設した。人間平等宣言と「一身独立、一国独立」のための実学を説いた『学問のすゝめ』(一八七二～七六年)や西洋文明に学んで日本の独立をはかる『文明論之概略』(一八七五年)はいずれも当時のベストセラーとなった。「自助の精神」とともに

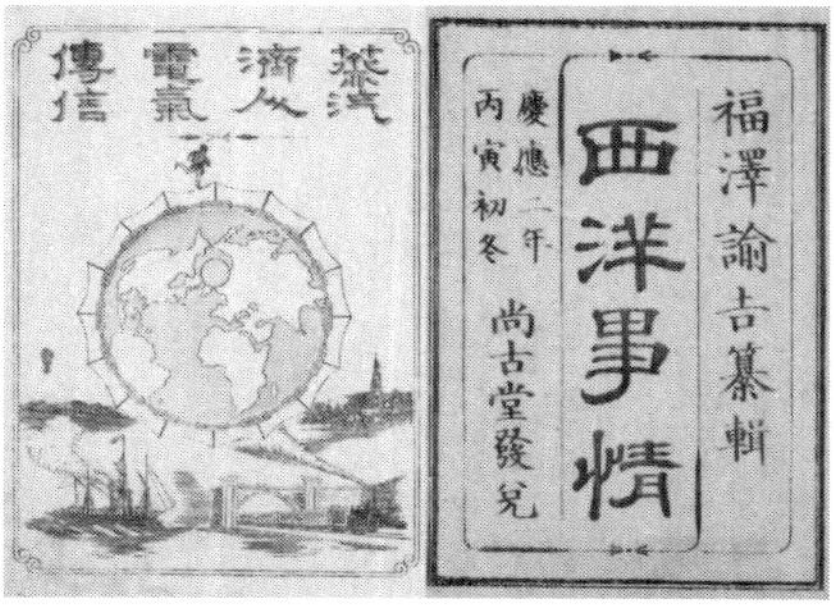

『西洋事情』表紙と扉絵　扉絵には「蒸汽済人電気伝信」という標語のもとに、中心が欧米である地球の図とその地球を一周する電信線、さらにその右下には蒸気機関車、左下には蒸気船が描かれている。今や世界の中心となった西洋世界では、蒸気の力によって人が各地へ渡ることができ（「蒸汽済人」）、電気の力で電信を送ることができる（「電気伝信」）のであった。有線電信と蒸気にこそ、時代の最先端をゆく西洋の特質があらわれていた。

本書では、この伝統に敬意をはらいつつも、スマイルズとは異なる視点からワットとスティーヴンソンの生涯をみていきたい。それは、「自助の精神」に関わる教訓を引き出すためではなく、彼らの成功を可能にした社会的条件について考察するためである。

①—スコットランド啓蒙の技師—ワットの前半生

生い立ち

ジェームズ・ワットは一七三六年一月十九日にスコットランドのグリノックで生まれた。グリノックはスコットランド西部のクライド湾の北端にあり、グラスゴーから西へ三〇キロほどのところにある港町である。父（一六九八〜一七八二）の名前もジェームズ・ワットで、母はアグネス・ミュアヘッド（一七〇三〜五五）。両親は一七二八年頃に結婚し、八人の子どもをもうけた。しかしそのうち五人は幼いうちになくなったので、ジェームズは事実上長男として育てられた。

両親の祖先については、父方の祖父トマス・ワット（一六四二〜一七三四）以外、詳しいことはわかっていない。彼はグリノックではよく知られた数学・測量・航海術の教師であった。父の職業については、商人・船主・船大工などといろいろに表現されるが、船を所有するだけでなく、自宅に工房を設けて、船の修理もできる知識と腕前をもった人物であった。一七五一年にはグリノックの町役人も務めた。母については「立派な市民」という以外不明だが、以下で述べる親類のことを考え合わせると、知識人に連なる家系の人であった。

最初の職業――科学機器製造業者

ジェームズは虚弱児で、大人になってからも頭痛持ちであった。グリノックのグラマースクール(現在の小学校に相当)でラテン語とギリシア語の基礎や算数を習ったあと、父の仕事を継ぐつもりで、父の工房で働きはじめた。しかし、父の仕事の経営状態が悪くなり、就職先をみつけねばならなくなった。そこで、グラスゴーへでて科学機器製造業者になろうと考え、一七五四年六月には大工道具などをもってグラスゴーの母方の親類の家に身を寄せた。親類のなかにはグラスゴー大学人文学教授のジョージ・ミュアヘッドがおり、彼を介してグラスゴー大学の教授や卒業生、とくに文芸協会のメンバーと知り合いになった。これ以降も長い付き合いが続くことになる人物を二人あげると、この大学の自然哲学教授ディック▲と医学博士号を取得したばかりのブラック▲がいる。ディックは、ワットが科学機器製造業者をめざしていることを知ると、この職業で多

▼ロバート・ディック(?〜一七五七)　スコットランドの自然哲学者。一七三九年にグラスゴー大学に入学し、五一年に医学博士号を取得した。同年から六年間、同名の父のあとを継いでグラスゴー大学の自然哲学教授を務めた。

▼ジョゼフ・ブラック(一七二八〜九九)　スコットランドの化学者。一七四四年にグラスゴー大学に入学し、医学を志しつつ、ウィリアム・カレンの化学講義に魅了された。カレンの助手を務めたあと、エディンバラ大学へ移り、五四年に医学博士号を取得。五六年にグラスゴー大学化学教授となり、生石灰などの固体の成分に気体の二酸化炭素が含まれていることを明らかにして「気体化学」研究の先陣を切るとともに、潜熱や比熱の概念を思いついた。六六年から九〇年代半ばまでエディンバラ大学化学教授を務めた。

●グレートブリテン島

インバーネス
フォート・ウィリアム
スコットランド
大西洋
北海
フォース湾
エディンバラ
グリノック
グラスゴー
クライド湾
ニューカッスル
ウィラム
ティーズ川
ダーリングトン
ストックトン
リーズ
リヴァプール
マンチェスタ
ダービー
イングランド
ウェールズ
バーミンガム
ライアダ
ロンドン
テムズ川

▼**ジェームズ・ショート**(一七一〇〜六八) 光学機器製造業者。一七二六年にエディンバラ大学に入学したが、卒業はしなかった。三一年に聖職者の資格を取得したが、同大学の数学教授マクローリンの影響を受け、望遠鏡製作に乗り出した。その技術の高さが認められ、三七年にはロンドンのロイヤル・ソサエティ(一八頁用語解説参照)会員に選出された。エディンバラでは一八〇台の望遠鏡を、ロンドンへ移住した三八年から死ぬまでには一三七〇台の反射望遠鏡を製作した。

くの収入をえようとするなら、ロンドンへ行くべきだと助言し、スコットランド出身でロンドンの著名な望遠鏡製作者ショート▲と会うように紹介状を書いてくれた。

ワットは一七五五年六月にロンドンに到着し、ショートが紹介してくれた科学機器製造業者ジョン・モーガンのところで働くようになった。ふつう職人になるには、親方に支度金をはらって、一〇代の七年間を徒弟奉公しなくてはならない。しかし、ワットの場合は年齢が高いうえ、七年間の奉公は経済的に無理だったので、支度金二〇ギニー(二一ポンド)を支払い(食費はこのなかに含まれる)、一年間親方のもとで働きながら技術を身につけるという条件で引き受けてもらった。一カ月後には、遠洋航海の必需品である四分儀の一部を製作できるようになった。翌五六年の八月にはスコットランドに戻った。本人の弁によれば、七年間の徒弟奉公を終えた渡り職人くらいの腕前になっていたという。そして、早くもその数カ月後にはグラスゴー大学と関係をもつようになった。それは、ディックを助けて、ジャマイカから戻ってきた人物が所有していた高価な天文観測器具のコレクションを修理したことによる。以来、大学に工房を開設し、大学の科学機器製造業者を名乗ることを許された。現代でいえば、大学の理科系学部に勤務する技術職員である。ただし、大学は給料を支払っていない。

　大学の科学機器製造業者として、ワットはブラックの実験のためにさまざまな器具を作成したり、あるいはオルガンや透視画具（一一頁参照）の製作を手がけたりもした。ブラックはこのときのワットを「機械製作に非凡な才能を発揮する若者」と評している。一七五八年にワットは、この大学の化学講師になったロビソン▲と意気投合し、生涯の友となった。ロビソンいわく「私と同じ年くらいの若い技術職員だが、いろいろなことを教えてくれ、まるで学者みたいで驚いた。彼にとっては、なんでも研究の対象となったし、彼の手でなんでも科学になった」。ワットは、機械についての専門書を読むためにドイツ語を学んだり、大学教授たちと知識を共有しようと、イタリア語にも触手を伸ばしたりした。

　しかし、大学の仕事だけでは経済的に苦しく、それを打開するには遠洋航海の必需品であるハドリの八分儀（一一頁参照）を製作・販売するのがいちばんと

▼ジョン・ロビソン（一七三九〜一八〇五）　スコットランドの自然哲学者。一一歳でグラスゴー大学に入学し、一七五六年に修士号取得。このころにブラックやワットと親しくなり、六六年にブラックがエディンバラ大学へ移ったとき、彼の後任としてグラスゴー大学の化学講師となった。七三年にはブラックの推薦でエディンバラ大学の自然哲学教授に就任。八三年にエディンバラ・ロイヤル・ソサエティが設立されたとき、事務局長に選出された。『ブリタニカ百科事典』（第三版）に多数の項目を執筆したほか、橋梁建設など構造力学の応用について論じた『力学体系』（死後の一八二二年に教え子のデヴィッド・ブリュースタが編集して出版）の著者としても知られる。

ワットは考えた。これならグラスゴーだけでなく、リヴァプールやロンドンでも売れるからである。だが、このように仕事を広げるにはもちろん資本が必要である。幸いなことに、建築家のジョン・クレイグがそれを提供してくれた。ただし、ワットが賃金として年三五ポンドと利益の半分を受け取るという条件付きであった。一七五九年に二人はグラスゴー市内のソルトマーケットに店を構え、八分儀・コンパス・燃焼用レンズ・顕微鏡の販売を始めた。この商売はうまくいき、ワットは数人の渡り職人を雇い、年季奉公人をおくまでになった。一七六三年にはグラスゴー市内の目抜き通りトロンゲイトに店を移転し、新聞広告を出して科学器具や楽器のほか、いろいろな玩具の販売も始めたことを知らせた。

ワットはさらなる事業拡大を考え、グラスゴーの磁器製造業に関心を寄せるようになった。陶器の製造は昔からおこなわれていたが、陶器よりも薄くて丈夫な磁器製品が東洋(日本の有田を含む)から輸入され、これに対抗すべくイギリスの製造業者は東洋製品に匹敵する磁器の製造▲に懸命になっていた。ワットは磁器原料や窯の建造について製造業者たちに助言し、かなりの利益をえた。

▼**磁器の製造**　一七五〇年頃からイングランドではチェルシー窯(ロンドン西部)、ボウ窯(ロンドン東部)、ダービー窯(ダービーシャ)、ウースター窯(ブリストル)で柿右衛門様式の磁器製造が始まった。さらに一七六〇年頃からはスタフォードシャでウェッジウッドが製陶に乗り出し、クリーム色陶器のクウィーンズウェアなどで有名になった。

●—**ワットが製作した透視画具**　この画具は五〇台以上製作された。

●—**ハドリの八分儀**　太陽などの高度を測定する天文観測器具。

蒸気機関の研究を開始

ワットが蒸気機関に関心をもちはじめたのは一七五九年頃で、きっかけはロビソンが蒸気力を陸路の輸送や鉱業に利用できるのではないかと話したことにあるらしい。しかし、当のロビソンはエディンバラ大学へ移ったため、この話はこれで立ち消えになった。それでもワットは、一七六〇年代初期にパパン▲の圧力釜を使って蒸気力についての実験をはじめ、蒸気機関の試作品をつくったが、他の仕事に追われていたことや、この試作品にセイヴァリ機関（一七頁参照）と同様の欠点があることに気がつき、さらに作業を進めることはしなかった。この欠点とは、継ぎ目どうしをぴったりと合わせることが難しいために、ボイラーが爆発する危険があり、加えてピストンが下降する際に蒸気力のロスが大きかったことである。

転機が訪れたのは一七六三〜六四年にかけての冬で、グラスゴー大学自然哲学教室所蔵のニューコメン機関（二〇、二一頁参照）のモデルを修理するよう依頼されたことにあった。このとき、ワットの蒸気機関に関する知識はかなり限られていたため、いわば「ただの機械工」として修理に取りかかったが、すぐ

▼ドニ・パパン（一六四七〜一七一二）フランス生まれの自然学者・発明家。ユグノー教徒（カトリック教徒が大多数を占めるフランスにおける少数派のプロテスタント）の家系に育ち、一六六九年にアンジェの大学で医学の学位を取得し、数年間医師を務めた。七一年に、当時パリにいたホイヘンス（一五頁参照）の助手となり、空気ポンプなどを製作した。七六年にロンドンに移り、ボイルの助手となりさまざまな実験をおこなう。このころ、圧力釜を発明した。八七年にはまねかれて、ドイツのマールブルク大学の数学教授に就任した。九〇年にシリンダーとピストンからなる蒸気機関の原型となるものを製作した。

にボイラーが蒸気を供給できないことに気がついた。それには重大な問題点が二つあった。一つは、ピストンが上昇するときに蒸気力のロスがあること。もう一つは、ピストンを冷却して真空をつくりだすという方法にあった。このため、修理を頼まれたモデルよりも少し大きい機関をつくり、それを使って多数の実験をおこなった。その過程でワットは、潜熱の現象▲を発見し、驚いてブラックに相談した。ワットはこのように実験で初めてこの現象に気がついたが、ブラックはすでにこの現象を知っていたばかりか、さらに進んで、これを「潜熱」と理論化していた。ブラックの説明を聞いて以降、ワットはこの潜熱現象を「物質と熱の化学結合」ととらえるようになった。

　この潜熱の発見は、ワットが蒸気機関を製作するさいの理論的な基礎となったが、ワットの蒸気機関でもっとも革新的なところは分離凝縮器の発明である。そのことを理解するために、ここでワットの生涯を一時中断して、ワットにいたるまでの蒸気機関の歩みを概観しておこう。

▼潜熱の現象　潜熱とは、水の場合でいえば一〇〇℃の液体を一〇〇℃の気体、つまり水蒸気にするときにかなり多量の熱が必要になる現象のこと。一般的にいえば、物質が状態変化するときに、熱を加えても温度が変化しない、つまり「熱」が「潜」んでいるようにみえる現象である。このため、例えば、同じ重さの水の場合、一〇〇℃の液体を水蒸気にするのに必要な熱の量は、二〇℃の液体を一〇〇℃の液体にするのに必要な熱の量よりはるかに多い。今日の科学では、水の場合にこのような熱が必要となるのは、液体のなかに存在する分子どうしの結合を全部断ち切って、バラバラな気体の水分子にするのに使われるためだと解釈されている。

▼**科学革命**　十六〜十七世紀のヨーロッパにおいて自然観が大転換され、今日の科学の基盤が形成されたことを指す。そこでは、古代ギリシア時代に生まれ、十二世紀に復興されて、キリスト教と結びつき、スコラ学に組み込まれたアリストテレスの自然観が、デカルトの機械論にとってかわられた。

ワットまでの蒸気機関

前項でロビソンが蒸気力を産業に利用できるかもしれないと述べていたことを紹介したが、このような発想にいたったのは、彼が初めてではなかった。十七世紀の科学革命▲で真空が発見されると、「真空機関」に期待が寄せられ、ホイヘンスは火薬の爆発力を利用しようと「火薬機関」を構想した。だが、この「火薬機関」では真空をうまくつくれず、加えて火薬に毎回点火しなくてはならないため連続操作ができないという欠点もあった。ホイヘンスのこの実験には助手としてパパンが立ち会っていたが、彼が一六九〇年に述べていた方法こそ、蒸気機関の根本原理となるものであった。それは、加熱により液体の水を水蒸気にすると体積が一〇〇〇倍以上にも膨張するが、この水蒸気を冷却して液体に戻すと体積が一気に減少し、その結果、部分的に真空が形成されることであった。要するに、水の状態変化(液体↔気体)にともなう体積の大きな変化(水が一定体積中にあるなら圧力の変化)を運動に利用することなのである。パパン自身は、この原理を応用して重いものを引き上げることまではおこなったが、連続的に作動するエンジンを製作することはできなかった。

クリスティアーン・ホイヘンス（一六二九〜九五）　オランダの自然学者・数学者。祖父・父とも大臣を務めた名門の出身。一六五五年に数学と法律を学んでライデン大学を卒業した。同年、望遠鏡により土星の衛星タイタンおよび土星の環を発見した。翌年には振り子時計を製作。七五年には火薬を用いた一種のエンジンを発明。九〇年には『光についての論考』で光の波動説を提唱した。

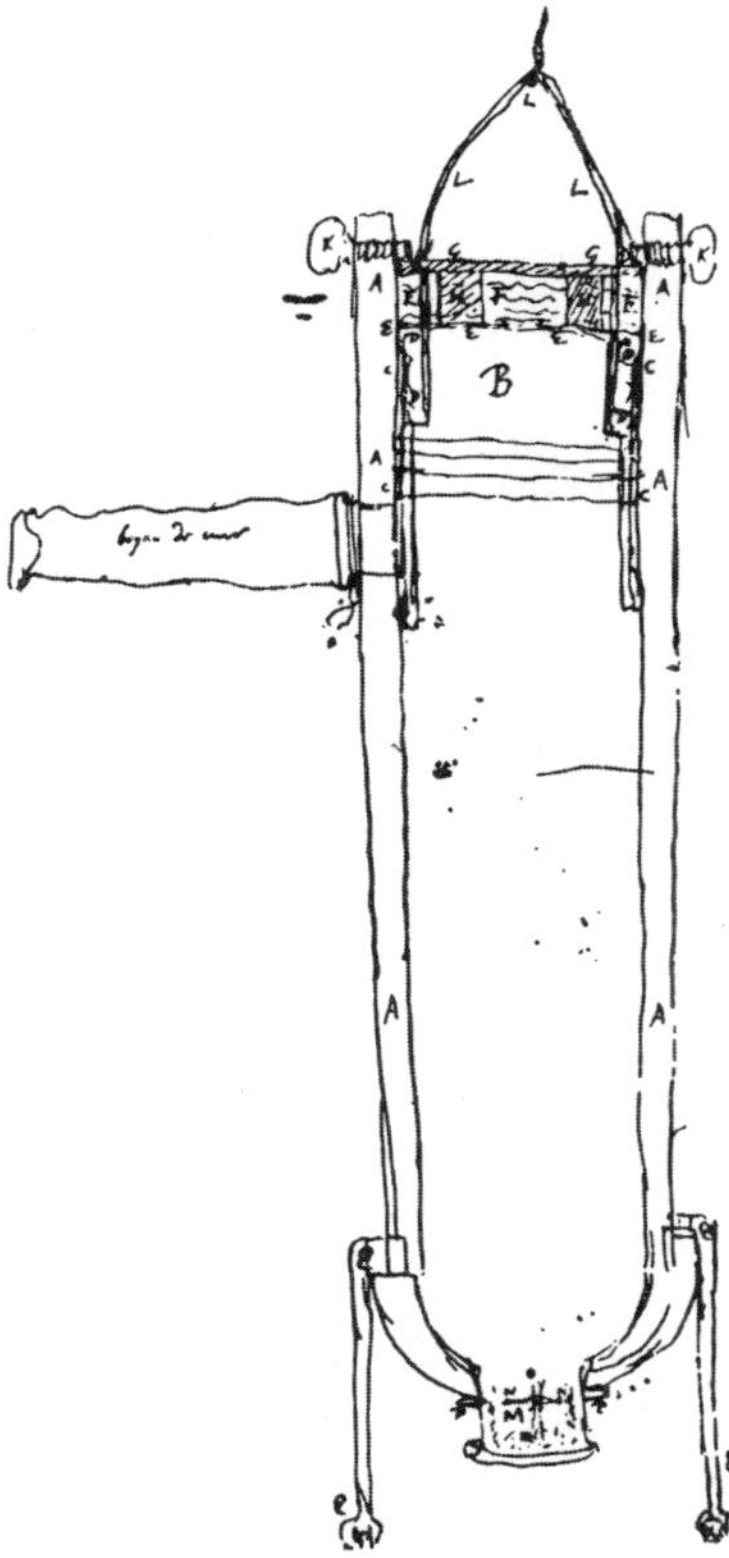

ホイヘンスの火薬機関

しかし、すぐに実際に作動する初めての蒸気機関があらわれた。それがセイヴァリ機関とニューコメン機関であった。これらには、パパンが発見した原理が使われていたが、彼らがどのようにしてパパンの発見を知るようになったかは今でもわかっていない。

セイヴァリ機関

裕福な商人の子として育ったイギリスの軍事技師セイヴァリ▲は、一六九八年に水蒸気を利用して水を汲み上げる機械を発明し、一四年間の特許を取得した。この特許は、さらに翌年の国会を通過した法により、その有効期間が二一年間延長され一七三三年までとなった。この特許には機械についての説明がなにも記載されていないが、セイヴァリは一七〇二年に『鉱夫の友』を出版して、この発明について解説している。

それによると、この機械は鉱山の排水に役立ち、二、三日教えるだけで子どもでも操作できるものであった。鉱山では通常、地下で採掘するため、湧き出してくる地下水をどのようにして排出するかがいつも問題となっていた。坑道

▼**トマス・セイヴァリ**（一六五〇頃〜一七一五）　イギリスのデヴォンシャ生まれの軍事技師・蒸気機関の発明家。

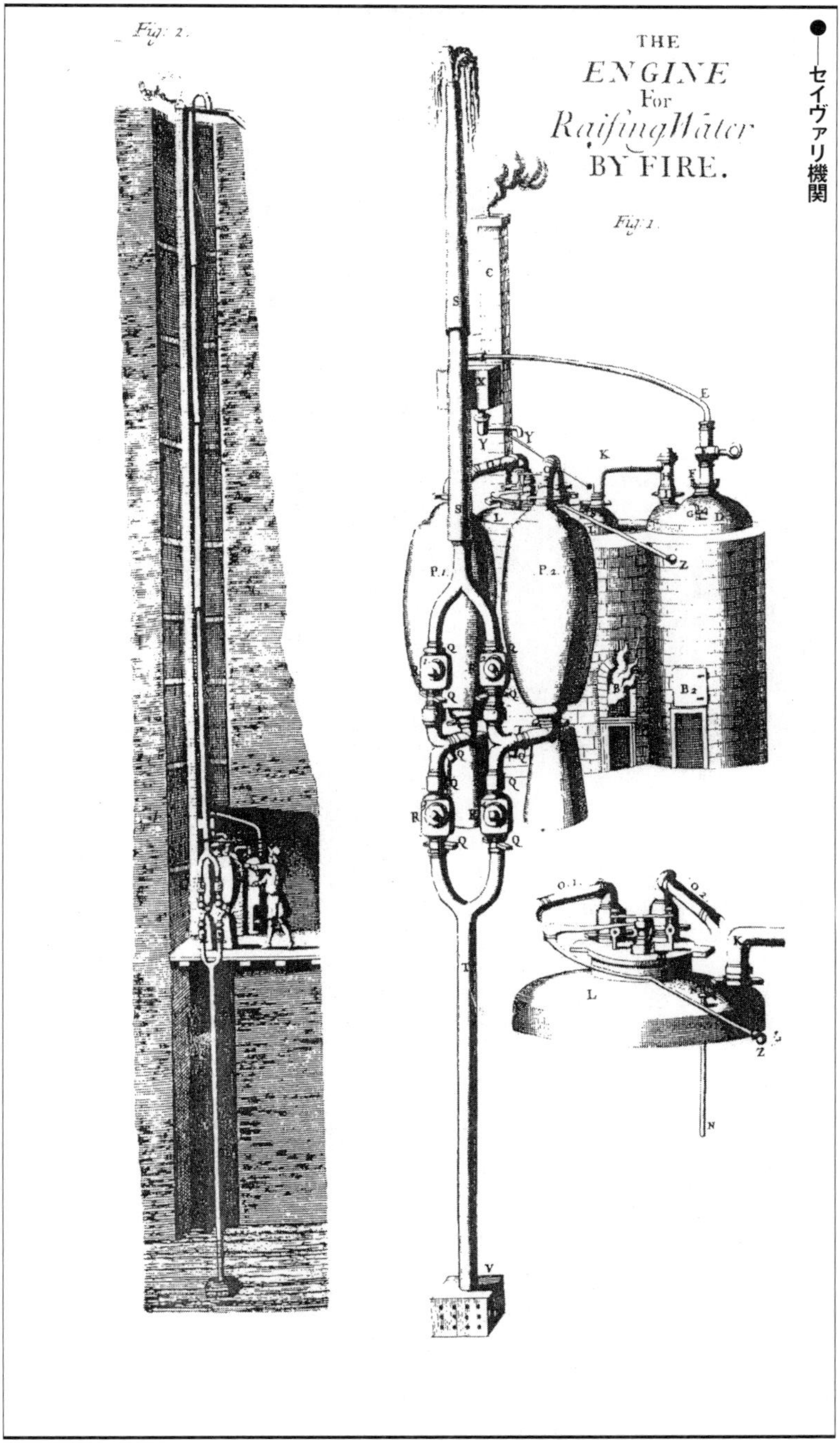
Fig: 2.
THE
ENGINE
For
Raising Water
BY FIRE.
Fig: 1.

▼**ロイヤル・ソサエティ**　一六六〇年に設立されたイギリスの科学団体。二年後に国王から勅許状をえて、公益法人となる。国王はパトロンとしてこの団体を支えたが、活動に関与することはなかった。フランスの科学アカデミーと異なり、政府機関ではなく、ジェントルマン層を中心としたアマチュアの民間団体であった。

の深さが地下一〇メートル未満なら大気圧を利用するポンプを使えばよいが、それ以上の深さになると、一〇メートルごとにポンプとそれを操作する人員を配置しなくてはならなかった。この機械ならば、一台で四〇メートルくらいの深さから水を汲み上げることができたのである。セイヴァリは、国王ウィリアム三世やロイヤル・ソサエティ▲会員の前で、モデルを使ってこの機械の働き方を披露した。一七〇二年にはロンドンのソールズベリ・コートに工房を構え、鉱山主らがこの機械を見学できるようにした。

しかし、セイヴァリの意図にもかかわらず、この機械は鉱山ではほとんど使われなかったようである。現在までに使用が確認されている二台については、いずれもロンドンで設置されていた比較的距離の短い揚水用であった。鉱山用にならなかったのは、この機械に弱点があったからである。この機械では、水蒸気を次の二段階で用いていた。(A)水蒸気の冷却で生成した減圧を利用して地下水を汲み上げ、(B)高圧の水蒸気を使って汲み上げた地下水を地上まで押し上げる。問題は(B)のほうにあった。この機械には金属どうしの継ぎ目がいくつもあったが、当時の技術ではこの継ぎ目が数気圧以上の蒸気圧に耐えられず、しばしば破裂したり、ボイラーが爆発したりしたのである。危険をともなう機械であった。

結局、セイヴァリは一七〇五年に工房を閉じた。その後彼は、自分の特許がニューコメン機関を包含するため、ニューコメンと組むようになった。セイヴァリの特許は、広く「火によって水を汲み上げる発明」として知られていたので、少なくとも特許の期限が切れる一七三三年までは、現代からみれば作動方式が異なるニューコメン機関も、セイヴァリの特許の範疇にあるとみなされた。

実際、セイヴァリが一七一五年に死去すると、「火によって水を汲み上げる発明」に共同出資するための会社が設立されたが、その利益はセイヴァリ機関ではなく、ニューコメン機関の販売によってえられていた。

ニューコメンの大気圧機関

イングランド南西部コンウォール半島にあるデヴォンシャ出身で金物商を営んでいたニューコメン▲は、商売のためにこの地方の錫《すず》鉱山を訪れるうちに、地下の坑道の排水が大きな問題となっていることに気がついた。彼がどのように

▼**トマス・ニューコメン**（一六六四〜一七二九）　イングランド南西部のデヴォンシャのダートマスで生まれ育ち、家業を継いで金物商を営み、鉱山用の金属製品の製造・販売をおこなった。非国教徒派のバプテストの熱心な信者で平信徒ながら派内では説教師を務めた。ダートマスのバプテストの配管工・ガラス職人のジョン・コウリとともに、鉱山の排水を改善するための機械の開発に乗り出し、一〇年あまり試行錯誤を繰り返したのち、一七一〇年頃に大気圧機関を完成した。一二年にダッドリー城近くの炭坑に設置されて、実際に使われた。これが評判となり、各地で使われるようになった。当時の特許の考え方ではニューコメン機関もセイヴァリ機関の一種とみなされたため、ニューコメン機関はセイヴァリ機関として販売された。

●——**ニューコメンの大気圧機関**　特色は次の三点にある。

①ピストンが上昇するとき、下からの蒸気力はピストンの上昇運動に弾みを与えるために必要であるが、ピストンの上昇運動自体の原因は、ピストン上部につながっているビームの重心がもともと図の左側に偏っていることにある。自然の状態でビームは右側が高くなるように傾いているのである。シリンダーの底についたピストンは、下からの蒸気力で動きはじめ、その後はビームの重みで上がっていく。下からの蒸気力がピストンを押し上げているのではない。

②ビームから垂れ下がったプラグ棒はビームの上下運動に連動するが、この棒の途中にいくつかの突起がついており、これが一種のスィッチとなって、蒸気や冷却水の導入、シリンダーからの水の排出を制御していた。つまり、プラグ棒は一種の自動制御装置であった。

③シリンダー上部にはいつも水が張られていた。これは、外部からシリンダー内に空気が入らないようにする（空気が混入すると、シリンダー内で真空ができなくなる）ための一種のシーリングであった。なぜこのようなシーリングが必要になるかといえば、当時の技術レベルでは、おもにシリンダーの中刳《なかぐ》り精度が悪く、どうしてもシリンダーとピストンの間に隙間ができてしまうため、そこを水で塞ぐのであった。また、シリンダー内の蒸気圧が大気圧を超えないように、余分な蒸気はシリンダーとピストン間の隙間から外部へ出ていったのである。

機関の動き方

①ボイラーで作った蒸気を鉄製シリンダーに導き，そこを満たす。これによりピストンが上昇する。

②シリンダーの下から水を噴射し，シリンダー内に充満していた蒸気を凝縮させて，液体にする。

③シリンダー内の圧力が小さくなり（つまり，部分的に真空が形成され），大気圧に押されてピストンが下降する。このとき，ピストン内の水はシリンダーの下の出口から外へ排出される。

このあと，ふたたびシリンダー内に蒸気を入れ，同じサイクルを繰り返す。なお，ピストン上部にはビームがあるが，ピストンとは反対側の端が揚水用のポンプにつながっている。

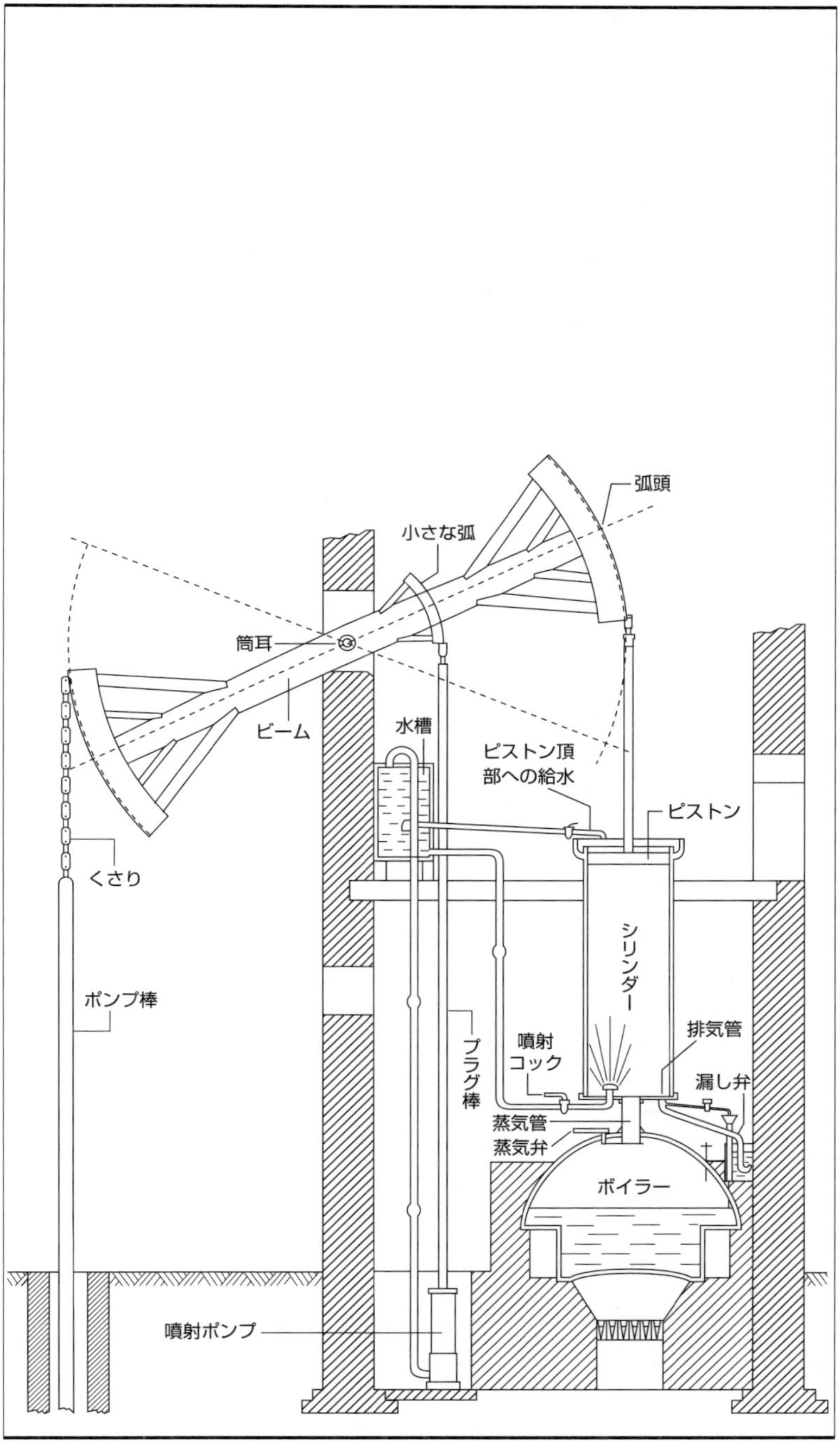
弧頭
小さな弧
筒耳
ビーム
水槽
ピストン頂
部への給水
ピストン
くさり
シリンダー
ポンプ棒
排気管
噴射
コック
プラグ棒
漏し弁
蒸気管
蒸気弁
ボイラー
噴射ポンプ

して実際に排水用機械を製作したか、その詳細はまったく不明であるが、一七一二年には自作の機械をロンドンで披露した。この年には、少なくともスタフォードシャのティプトンの炭坑に設置されていたことがわかっている。この炭坑からはダドリー城を一望できるので、この揚水機は「ダドリー城エンジン」と呼ばれた。セイヴァリの機関と異なり、ニューコメンの機械は安全だったため、急速に各地の鉱山で採用されていった。一七三三年(セイヴァリの特許が期限切れとなる年)までに、一〇四台が設置された。それどころか、その改良機は二十世紀初期まで実際に使われていた。

前頁の図からうかがえるように、ニューコメン機関はかなり大きな機械であったが、運転者の数は少なくてすんだ。また蒸気力を利用しているにもかかわらず、セイヴァリ機関とは異なって大気圧をこえることがなく、金属どうしの継ぎ目やボイラーの破裂もない、安全な機械であった。このためニューコメン機関はすぐに広く普及し、二世紀近くにわたって利用された。なお、この機関はもちろん連続作動したが、ピストンの上昇運動と下降運動の速さは異なっていた。ゆっくり上昇し、すばやく下降するのである。このため、このままでは用途が揚水用以外に広がることはなかった。

ワットによる分離凝縮器の発明

前述したように、ワットが蒸気機関の製作に本格的に取り組むようになったのは、グラスゴー大学が所蔵するニューコメン機関のモデルを修理するよう頼まれたことにあった。その作業の過程で気がついたのは、この機関の作動には大量の燃料が必要になることであった。その原因は、同じシリンダーで蒸気と液体の状態を交互につくらねばならないことにある。つまり、こうである。シリンダーに初めて蒸気を入れたとき、シリンダー自体が冷えているので、導入された蒸気はピストンの上昇運動の弾みとなる蒸気力としては利用できず、シリンダー自体の温度を上げるのに使われてしまう。シリンダーが高温になり、下からどんどんはいってくる蒸気が膨張するための蒸気として機能するようになってから、ようやくピストンが上昇しはじめるのである。いったん弾みがついたピストンは、ビームの反対側の重みにより上昇する。ピストンが頂点に達すると、今度は蒸気を液体に戻すためにシリンダーの底から水が霧状で放射されるが、そのためにはかなりの量の水を使ってシリンダー自体を冷やさなくてはならない。せっかく多量の蒸気を使って高温にしたシリンダーをすぐに冷やさなければならないのである。そして、この冷えた状態からスタートして同じサイクルが繰り返される。

燃料の浪費に気がついたワットは、ブラックの示唆によりシリンダーの材質を木にかえてみた。木は鉄よりも熱を伝えにくいからというのがその理由であった。実際に木製シリンダーをつくって実験してみると、燃料の消費量は減ったが、肝心の機関の力が弱くなってしまった。木製シリンダーではシリンダーの温度が下がらず、したがって蒸気がなかなか液体に戻らず、真空の形成が妨げられたのである。こうしてワットは、燃料の浪費を抑えるためにはシリンダーを高温に保つ必要があり、ピストンの動きを大きくするためにはシリンダーを冷やさなければならないという相矛盾する難問に直面したのである。

ワットがのちに語ったことによれば、二九歳の一七六五年五月の日曜日にグラスゴー・グリーンを散歩しているときに突破口を思いついた。

そのとき、機関のことを考えていた。牧夫小屋を通り過ぎたところで、あ

●—ワットの分離凝縮器

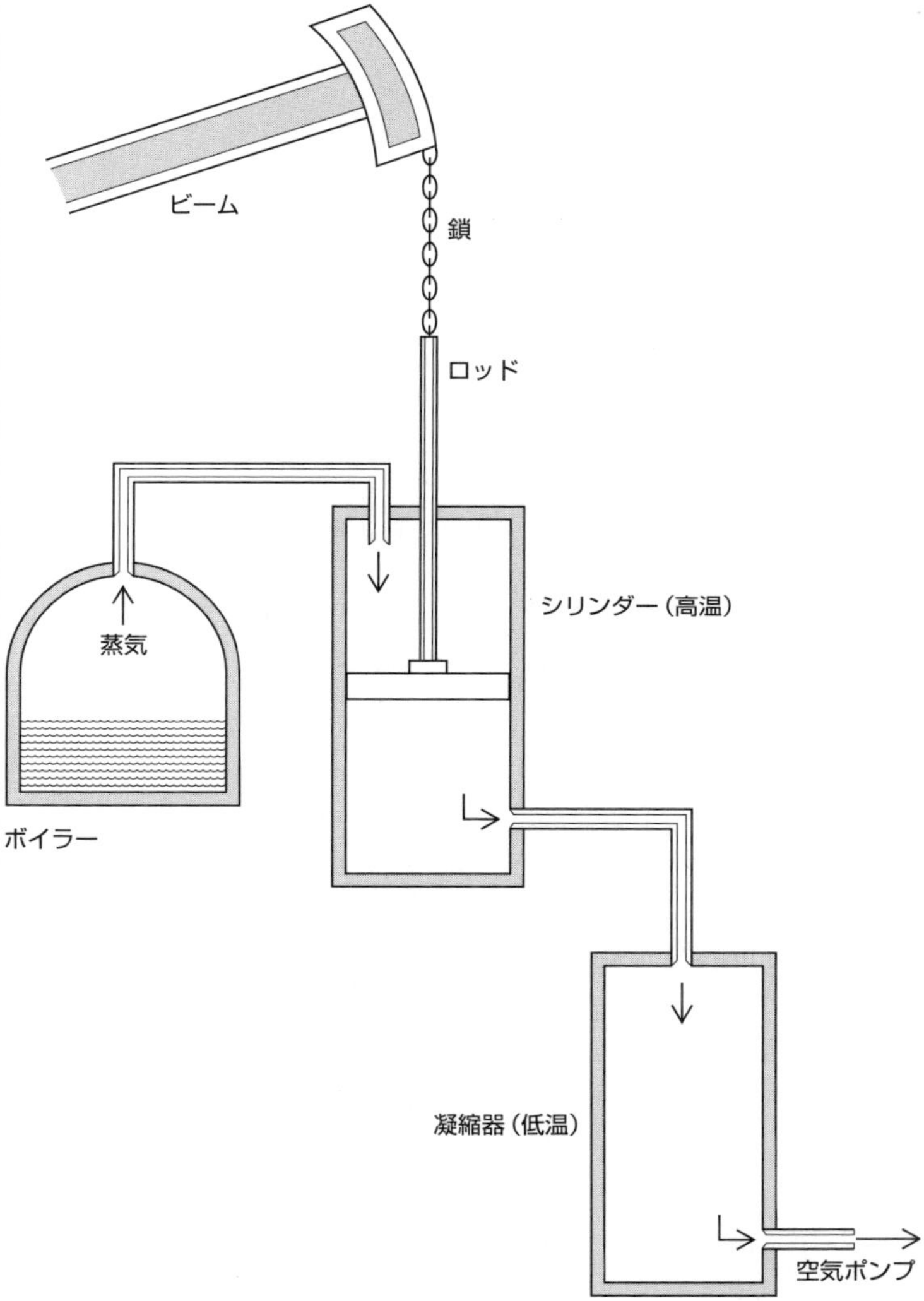

る考えが浮かんだ。蒸気は弾性物体なので、真空に向かって突進する。もしもシリンダーと排気した容器を連結すれば、蒸気は容器に向かって突進し、シリンダーを冷やさなくてもそこで凝縮されるだろう。

つまり、シリンダーの二つの役割を分離することであった。シリンダーのほうは高温に保ち、蒸気の状態を維持する。もう一つの容器は凝縮用で、こちらは低温に保つ。こうしておいて二つをつなげばよいのである。このうちの後者が分離凝縮器と呼ばれた。その様子は前頁の図に示したとおりである。ボイラーでつくられた蒸気はピストンの上からシリンダーにはいり、この蒸気力でピストンを押し下げる。出口から蒸気が分離凝縮器のほうにはいり、そこで冷やされて液体になり、そのとき真空がつくられてピストンが下に押し下げられる。

この機関には分離凝縮器の発明以外にもいくつかの工夫がある。第一に、分離凝縮器内の蒸気と液体の除去には空気ポンプを用いたこと。第二に、ニューコメン機関ではピストン上部に存在した「水シーリング」をやめ、シリンダー上部を閉じて、大気圧ではなく、蒸気力でピストンを押し下げるようにしたことである。これらの結果、燃料消費量がかなり節約された。ただし、この機関にはニューコメン機関以来の木製のビームやチェーンはまだそのまま残されていた。

土木技師としてのワット

ワットは蒸気機関の製作に乗り出す直前の一七六四年七月十六日に、従姉妹《いとこ》でグラスゴーに住んでいたマーガレット・ミラーと結婚した。おそらくこのことを想定して、少し前には大学の工房をでて、グラスゴーに住むようになり、キング・ストリートに事務所も構えた。科学機器製造・販売や蒸気機関の改良を続けながらも、一七六六年の夏には新たに測量の仕事を開始した。所帯を構えたことに加えて、科学機器製造・販売の共同経営者クレイグが前年に死去したため、彼の管財人に負債を返さなければならなかったからでもあった。この経済的な困難を乗り切るために、いわば「二足目のわらじ」として測量の仕事を手がけるようになったのである。ワットが測量術をいつ、どのようにして身につけたかは不明であるが、この方面で特別な教育を受けなくても、作図法をはじめとして測量に必要な基礎知識と技能は、これまでの科学機器製造の経験からえられていたと思われる。当時、イングランドではブリッジウォーター運河▲の開通以来、運河建設がさかんにおこなわれ、その波がスコットランドにも達する勢いだったので、ワットが測量に注目したのも当然であった。

　彼は測量士のロバート・マケルとともに、フォース湾とクライド湾をつなぐ運河建設のための測量を六六年十月に開始した。運河の建設は周辺の住民の生活や土地利用にさまざまな影響をおよぼすので、国会でそのための法律をとおしてもらわねばならなかった。具体的には、下院（庶民院）への請願書の提出、特別委員会で関係者からの意見聴取、本会議での審議・議決となる。可決の場合には法案が上院（貴族院）へ送付され、下院と同様のプロセスをへて、首尾よくいけば、法律として成立するのであった。ワットは一七六七年三月に、下院の委員会に出席するためロンドンへ向かった。しかし、彼の尽力にもかかわらず、この法案は成立しなかった。そのことも影響してか、のちにワットはこの委員会出席について妻に手紙でこう述べている。「私は庶民院ともう二度と関係をもちたくない。どこからみてもあんなに頭の悪い人たちでいっぱいのところはない。思うに、彼らは悪魔にとりつかれている」。

▼ブリッジウォーター運河　一七六一年に第三代ブリッジウォーター公爵（フランシス・エジャトン、一七三六〜一八〇三）により建設されたイギリス初の運河。石炭運搬用に、マンチェスタからワースリまでの一六キロを開削してつくられたもので、これにより運搬費が安くなり石炭単価が半分になった。以降、各地で運河建設があいついだ。

▼コルダ運河　リーズとウェイクフィールドを結ぶ運河。

▼ジョン・ローバック（一七一八〜九四）　イギリスの工業家。シェフィールド生まれで、エディンバラ大学に入学して医学を学びはじめ、一七四三年にライデン大学で医学の学位を取得した。その後しばらくの間、バーミンガムで医師として働いたが、科学の産業への応用に関心をもち、サミュエル・ガーベットと共同で貴金属（金・銀）精錬工場を建てた。硫

ローバックとの共同事業

だが、この旅行は重要だった。行きにはバーミンガム、帰りにはリッチフィールドに立ち寄ったほか、ブリッジウォーター運河やコルダ運河も見学できたからである。バーミンガムでは予定していたローバックの共同事業者ガーベットとは会えなかったが、リッチフィールドではエラスムス・ダーウィン博士と会うことができた。彼は進化論の提唱者として有名なチャールズ・ダーウィンの祖父で、この地域の有力者であった。ワットは秘密を守ることを条件として、燃料を節約できる分離凝縮器の発明をこの人物に披露した。二つの運河見学は、明らかに始めたばかりの測量や運河建設の仕事の参考にするためであった。

ここで今、名前を出したローバックについて述べておこう。というのも、彼こそワットの蒸気機関の最初の共同事業者だったからである。ローバックは医学を修めたあと、一七四三年にバーミンガムで開業したがすぐに辞めてしまった。科学を産業へ応用することに精力をそそぎガーベットと組んで鉛室法を開発し、硫酸の大量生産に初めて成功した。これによりかなりの利益をえて、以後企業家として知られるようになった。硫酸製造工場はバーミンガムのほかに

酸製造に関してジョシュワ・ウォードが特許を取得したガラス室を鉛室にかえて、硫酸の大量生産に乗り出した。四九年にはエディンバラ近郊のプレストンパンズに大規模な硫酸製造工場を建てた。六〇年には製鉄業にも乗り出し、スコットランドでキャロン製鉄工場を建造した。その後ワットとの関係が始まる。

▼サミュエル・ガーベット(一七一七〜一八〇五)　バーミンガムの富裕な商人。

▼エラスムス・ダーウィン(一七三一〜一八〇二)　イングランドの内科医。進化論を提唱したチャールズ・ダーウィンの祖父。一七五四年にケンブリッジ大学を卒業し、エディンバラ大学で医学を学ぶ。五六年からリッチフィールドで内科医として働く。六〇年代にはボールトン(三三頁用語解説参照)らとルナ・ソサエティ(五四頁参照)を設立し、交流した。生物学や医学に関わる内容を詩で表現した『植物の園』(一七九一年)、『動物の園』(一七九四〜九六年)、『自然の殿堂』(一八〇三年)の著者としても知られている。

も、一七四九年にスコットランドのプレストンパンズ（エディンバラの東側）に建設され、彼はスコットランドに住むようになった。企業家として彼は、フォース湾奥のキャロンにある大規模な製鉄業に注目した。そこでは銑鉄製造のためにコークス溶融法▲が使われていたので、彼は石炭調達用の炭坑を開発すべく、ハミルトン公爵▲の所領内にある鉱山を広範囲にわたって借り受けた。炭坑の掘削にともなう地下水の処理に頭を悩ませ、ワットの機関に関心をもつようになった。ローバックにワットを紹介したのは、両者の友人のブラックであった。

ワットはローバックに手紙で、一七六五年八月には自分のつくった蒸気機関の模型の作動状況について述べたり、十月には炭坑用大気圧機関の試運転結果を伝えたりしていた。測量の仕事が閑散であった六八年の前半に、ワットは蒸気機関の新しいモデルを試作して多数の実験をおこない、ローバックに詳しくその結果を知らせた。この結果に感動してローバックは、ワットの蒸気機関の共同事業者となることを承諾した。その条件は、ローバックがワットのブラックへの借金約一〇〇〇ポンドを返済するとともに、特許取得に関わる費用一二〇ポンドを支払い、その見返りに発明の権利の三分の二を譲渡してもらうとい

▼コークス溶融法　鉄鉱石を従来からの木炭ではなく、コークスとともに燃やして鋳物用の銑鉄を製造する方法。

▼第七代ハミルトン公爵（一七五五〜六九）　ジェームズ・ジョージ・ハミルトンのこと。

時期	内容
1766 年 10 月	フォース湾とクライド湾を結ぶ運河計画での測量
1769 年	クライド川の測量
1769 ～ 72 年	モンクランドとグラスゴー間の運河建設計画に土木技師として働く(年収 200 ポンド)
1770 年	パースとフォーファーを結ぶストラスモア運河建設計画の測量
1771 年	エア港の改修調査
	クライナンとターベットを結ぶ運河計画での測量
1772 年	故郷グリノックの測量(水供給のため)
1773 年	キンタイア岬での石炭運搬用運河のための測量
	ハーレットとペイズリーを結ぶ運河の測量
	レヴェンのフォース船舶路の測量
	フォート・ウィリアムとインバーネスを結ぶ運河(19 世紀初めに完成したカレドニア運河のこと)建設計画のための測量と評価(～ 1774 年 4 月)

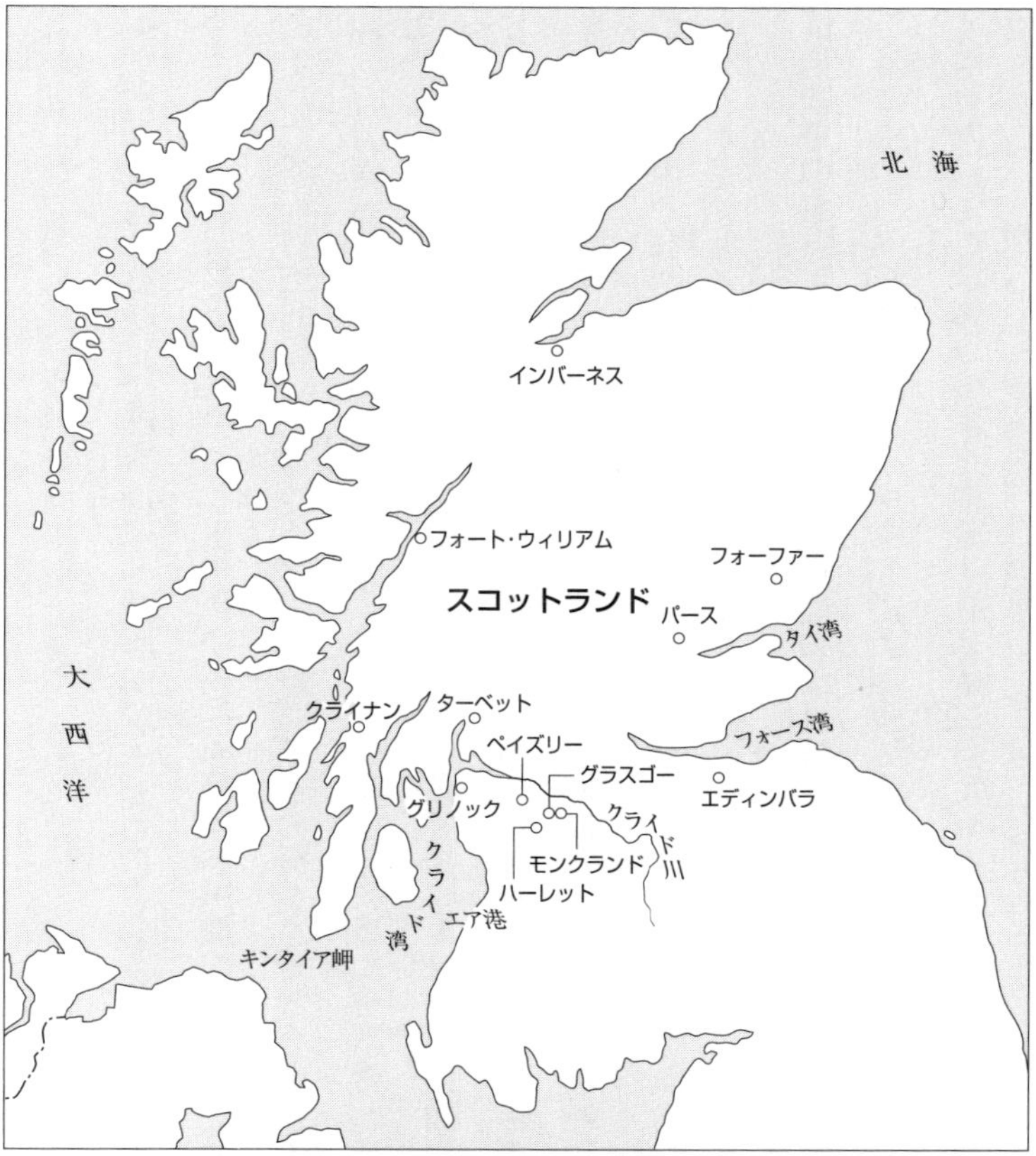

うものであった。ローバックは七月にワットをロンドンへ派遣し、特許の申請手続きにはいらせた。

その後ワットは秋になると、ローバックがキンネイル(フォース湾奥に位置する)で使う、分離凝縮器と空気ポンプを組み込んだ炭坑揚水用機関の設計を始めた。一七六九年一月五日付けでワットは、分離凝縮器の発明を主眼とする最初の特許「火力機関の蒸気と燃料を節約する新しい方法」(No.913)を取得した。ただし、この特許に関しては二つ問題があった。第一に、ワットは機関の図面を作成しておいたにもかかわらず、これを添付しなかったこと。第二に、特許の範囲を機関の作動原理としたものの、原理の応用を含めなかったことである。とくに後者が原因となって、この特許はのちにさまざまな攻撃にさらされることになった。

ワットの監督のもとキンネイルで蒸気機関の改良はしばらく続けられたが、一七七〇年にローバックが破産し、ワットによる蒸気機関の改良も一時中断をよぎなくされた。このころワットは測量の仕事も続けていた。具体的には前頁の表のとおりである。

②—産業革命のエンジン—ワットの後半生

ボールトンとの共同事業

一七六八年夏にワットは特許申請のためにロンドンへ出かけたが、帰路にバーミンガムに立ち寄り、ボールトン▲のソーホー工場を訪れた。ボールトンは鉄製の玩具・バックル・留め具の製造業者であった同名の父のもとで修業したが、一七歳のときに事業を拡張し、琺瑯《ほうろう》や象牙のバックルの製造に乗り出し、二一歳で父の共同事業者となった。一七五六年頃、遠縁でリッチフィールドの富裕な商人リューク・ロビンソンの長女メアリと結婚した。しかし、メアリは一七五九年かその翌年に突然なくなった。二人の間に子どもはいなかった。父親も五九年に他界した。その数年後、ボールトンはメアリの妹アンと結婚した。この結婚は教会法上問題があるとの見解もあったが、二回の結婚によりボールトンには妻の側から巨額の婚資(各一四〇〇〇ポンド)がもたらされた。これに関して、のちに彼は「ジェントルマン▲としての生活を送ることもできたが、私はあえて工業家としての道を選んだ」と述べている。彼はワットと会ったころに

▼マシュー・ボールトン(一七二八～一八〇九)　バーミンガムの企業家。一七五〇年に父の製鉄工場を継ぎ、六二年には郊外のソーホーに当時では最大級の新工場を建てた。ルナ・ソサエティの中心メンバーの一人で、フランクリン(五五頁用語解説参照)などとも交流した。七〇年代にはワットとともに、蒸気機関の製造・販売に乗り出し、産業革命を牽引した。八五年にはロンドンのロイヤル・ソサエティ会員に選出された。

▼ジェントルマン　イギリスの統治階級。社会層について上位から具体的に示すと、「労働しなくても十分に暮していける」国王・王族、貴族(世俗・聖界)、ジェントリ(准男爵・ナイト・エスクワイア・ジェントルマン)がこの社会層にとっての本来の構成要素であるが、「労働している」専門職(内科医・国教会聖職者・法律家・軍士官・大学教授など)や大商人も含む。

は、鋼《はがね》を磨くための道具「ラップ」を初めて機械化し（その改良品は二十世紀まで使われていた）、ボタンの半加工品を探し出すためのゆさぶり箱（シェイキング・ボックス）を発明し、また貨幣・メダルの製造を流れ作業でおこなうシステムを開発するなど、バーミンガムを代表する製造業者となっていた。実際、彼のソーホー工場では熟練工が約六〇〇人働いていた。

ワットとボールトンは意気投合し、ワットは予定を延長してソーホー工場に隣接するボールトンの邸宅に二週間滞在した。この滞在中には、申請手続きをおこなったばかりの蒸気機関の特許についても話題になり、スモール博士▲も加わって、明細書に示す特許の地理的範囲などについて意見がかわされた。帰りぎわにボールトンがワットの蒸気機関の共同事業者の一人になる意志を表明したため、ワットはグラスゴーに戻るとすぐにローバックを訪ね、ボールトンを特許の共同事業者に加え、その持ち分を三分の一程度にすべきだと提案した。ローバックはボールトンの関与に積極的に対応していたが、結局ボールトンに対してはワット機関の製造をバーミンガムのあるイングランド中部地方に限って認めると申し出た。ボールトンは全世界を対象とした製造ならやる価値はあ

▼**ウィリアム・スモール**（一七三四〜七五）　スコットランド出身の内科医。一七六五年にアバディーンの大学で医学博士号を取得し、同年にバーミンガムで医師として働きはじめた。ルナ・ソサエティの創立メンバーの一人として活躍した。

るが、たった三州のためなら骨折りがいがないとして、ローバックの申し出を断った。

転機——バーミンガムへ

一七七〇年代初期、ワットはまだ二足のわらじを履いていたが、転機が訪れたのは、七三年九月二十六日のことである。彼はこのときスコットランドのハイランド地方で運河建設のための測量をおこなっていたが、三番目の子どもを身ごもっていた妻が危篤になったとの知らせを受けたのである。急いで家に戻ったが、子どもは死産で、妻も九月二十四日になくなっていた。彼のもとには六歳のマーガレットと四歳のジェームズが残された。たびたび手紙で連絡をとり合っていたバーミンガムのスモールは最愛の妻を失ったワットの意気消沈ぶりを心配し、バーミンガムに引っ越してくるよう勧めた。一七七四年五月、三八歳のときにワットは子どもたちを連れて、スコットランドを離れ、バーミンガムに到着した。住居は、ボールトンが以前住んでいた家を用意してくれていた。

▼**ジョン・ウィルキンソン**（一七二八〜一八〇八）　イングランドの製鉄業者。非国教徒アカデミーで学んだのち、リヴァプールの商人の徒弟をへて、製鉄業者であった父のもとで働いた。いくつかの製鉄所で腕を磨いたあと、とくに銃身製造で有名になった。一七七五年には、ボールトン・ワット商会の蒸気機関のシリンダーを中刳り旋盤を用いて初めて製造し、その高い精度が評判になった。なお、非国教徒の聖職者・自然学者のプリーストリは彼の妹と結婚した。

この引っ越しはワットの生活を大きく変えた。もう二足のわらじを履く必要はなくなり、測量の仕事を辞めて、蒸気機関の完成に専念できるようになったのである。もちろん、それを可能にしたのはボールトンの支援であった。彼はソーホー工場の敷地の一角を蒸気機関用に与えてくれた。ワットは錫《すず》製のシリンダーを含めてキンネイルで開発を始めていた機関をここにすえつけて、実験を再開した。この錫製ピストンは、材質が柔らかいため実験中に潰れてしまったので、それにかえてウィルキンソン▲が製作した鉄製シリンダーを使った。ウィルキンソンは前年に中刳《なかぐ》り盤の改良で特許をとっており、全長が真の円筒状となる鉄製シリンダーをつくることができた。ワットの機関にとって、これは不可欠な要素であった。

ワットの努力が実って、以前よりも有効な機関が完成した。しかし、ボールトンからするとまだ大きな障害が残っていた。それは、ワット機関の特許の有効期間があと八年しかなく、この期間内にこれまでに費やした多額の開発費を回収できる見込みがなかったことであった。新しい特許を取得することも検討したが、現在の特許権を延長することになった。一七七五年二月に請願書が提出されたが、これは当初、議会の多数の有力者から猛烈な反対を受けたようである。議員たちを説得するために、ワットは改良の要点を示すとともに、これが事業独占をねらったものでなく、ただ正当な報酬をえようとするものだとする覚書を書き、ボールトンもロンドンにやってきてワットの活動を支援した。結局、法案が七五年五月二十二日に承認され、特許権を二五年間、つまり一八〇〇年まで延長することが決まった。なお、特許権が有効な地理的範囲もこれまでのイングランド、ウェールズ、アメリカ植民地に加えてスコットランド全域(以前の特許では、ベリック・アップオン・トウィードに限定されていた)に広げられた。

これを受けて六月一日、蒸気機関に関するワットとボールトンの共同事業が開始された。その内容は、ワットが二度目の結婚にさいして記録していることによれば、次のようであった。ボールトンは発明の財産権の三分の二をもち、七五年法の費用と将来の実験についての費用を負担し、帳簿と在庫品に責任をもつ。ワットの仕事は作図・指示・測量であった。

一七七六年にワットは二度目の結婚をした。相手は、グラスゴーの染色業者ジェームズ・マグリガの娘アンであった。翌年には次男グレゴリが生まれ、住居をソーホー工場に至便なハーパーズヒルの一階建ての家に移した。ワットはここに二人の女中と一人の男性の召使いをおいた。彼はこの家で作図・文通・計算をおこない、助手たちもここで働いた。

蒸気機関のビジネス

ボールトンと共同事業を始めたころ、蒸気機関はほとんど売れなかった。ソーホー工場の蒸気機関製作場は狭く、働く人々についてもボールトンのいろいろな製品をつくるために雇用された人たちと蒸気機関をつくる人たちとが明確に区別されているわけではなかった。蒸気機関の材料や部品の調達先は近隣のミッドランド地方の業者が多かったが、地理的至便さよりも明らかに品質を優先していた。例えば、スウェーデン産の鉄はバーミンガムの商人から、管類はウェスト・ブロムウィッチのイゾンズから、ピストンのロッドはロザリースのジュークス・コールソン、シリンダーはジョン・ウィルキンソンから仕入れていた。なかでもウィルキンソンのシリンダーは、中刳《なかぐ》りの精度が極めて高く、他の製造業者の追従を許さなかった。ウィルキンソンはシリンダー用に新しい旋盤を開発して対応し、ワットのほうもシリンダーの製造をウィルキンソンだけにまかせ、彼に技術上のさまざまな助言を求めた。ウィルキンソンは製造業者としてだけでなく、利用者としてもワットの蒸気機関に関心をもっていた。実際、ウィルキンソンは蒸気機関の最大手の利用者の一人であり、自分のブラッドリ製鉄所に一一台、別のところで少なくとも七台を設置していた。九〇年代半ばまで、ボールトンとワット、ウィルキンソンの関係は大変良好であった。

ウィルキンソンと同じようなケースは、コールブルックデイル社にもみられる。この会社は、蒸気機関の部品提供者であるとともに重要な利用者でもあった。全般的な傾向として、ボールトンとワットは一七九〇年代初期まで蒸気機関の部品を自らの工場で製造せず、彼らが選んだ会社に下請けに出していた。経済的な利益を狭くとらえると問題のある経営方針にみえるが、蒸気機関が開発途上の段階にあることを考慮すれば、むしろこの方針は妥当なものであった。というのも、ワットは蒸気機関の完成に向けて実験を続けることができ、下請け業者は部品の製造リスクについて、かなりの部分を負うことになったからである。

初期の数年間において製造された蒸気機関の大半は注文品であった。大きさは比較的標準化されていたが、ワットが新しい工夫を思いつくたびに、製品には改良が加えられていった。機関の標準化はワットが八〇年代になって少しずつ進めていったが、ボールトンとワットはすべての部品の品質管理に絶えず気を配っていなければならなかった。結局、ソーホー工場でも部品製造が始まり、九三年には自社製部品の使用率が価格で五〇％を超えるまでになった。

ワットの役割は蒸気機関の開発・デザイン・作図であったが、開発の過程において彼は実際の利用状況を重視した。彼自身、コンウォール地方の利用者を訪問したし、ボールトン・ワット社は機械工を雇用し、国内を巡回するための小グループを編成して、彼らに蒸気機関設置の責任を負わせた。さらに、ボールトンとワットのいずれか、または年配の雇用人が蒸気機関の設置地域を訪れ、機関を点検し、維持・管理について助言する、今でいうアフターサービスの方式を始めた。これは、機関の問題点を探って開発に役立てることと、会社の名声を守るためであった。この活動のなかで、特許侵害に関わる情報をつかむこともできた。

回転運動機関の発明

一七七〇年代末までの蒸気機関は、多くが鉱山の揚水用に使われており、その運動は上下方向の往復運動であった。ボールトンは七六年に「動く輪のエンジンがあれば一〇〇台は売れる」と述べて、回転運動機関を強く希望していた。この時代において実際に広く使われていた回転運動の機械は水車だけであったが、ワットは早くも一七六五〜六九年にかけて、回転運動を発生させることができる蒸気輪を考案していた。ワットは七四〜七五年に下院特別委員会にその図案を提示していた。この蒸気輪は七四年にソーホー工場で試作され、作動することが確認されていた。しかし、ワットは往復運動機関の改良に忙しく、回転運動機関の開発は脇におかれていた。

回転運動機関については、ワット以外の技師からも動きがではじめていた。のちに独立する技師で、このときはワットのところで働いていたロバート・キャメロンはボールトンにある案をもちかけた。ワットがボールトンを思いとどまらせたので、この案は結局、案のままで終わった。しかし一七七九年に、バーミンガムのジェームズ・ピカードが所有する製粉工場で、回転運動の装置をもつニューコメン機関が設置された。ピカードは翌年、この機関で使われていた「爪と爪車」(ポール・ラチェット)の機構を、特許を取得したばかりのクランクに取り換えた。

こうした状況のもと、ワットはボールトンの説得に押されて回転運動機関の開発に向かい、クランクの特許と張り合わずにすむ「太陽と惑星運動」の機構を発明し、一七八一年に特許を取得した(No.1306)。この「太陽と惑星運動」はクランクと同じ働きをして、上下の往復運動を回転運動に転換する機構であった。ピカードの特許が切れる九四年まで、ボールトン・ワット社はすべての回転運動機関でこの機構を使った。これ以降いくつかの場合では、回転力を生み出す仕組みとしてははるかに有効なクランクも使われた。

ワットは改良をさらに進め、翌九五年三月には「揚水・その他の機械的用途に用いる蒸気または火力機関でのいくつかの改良……」で特許を取得した(No.1321)。この特許での改良点は、第一に蒸気の「膨張原理」(各行程の初めの間だ

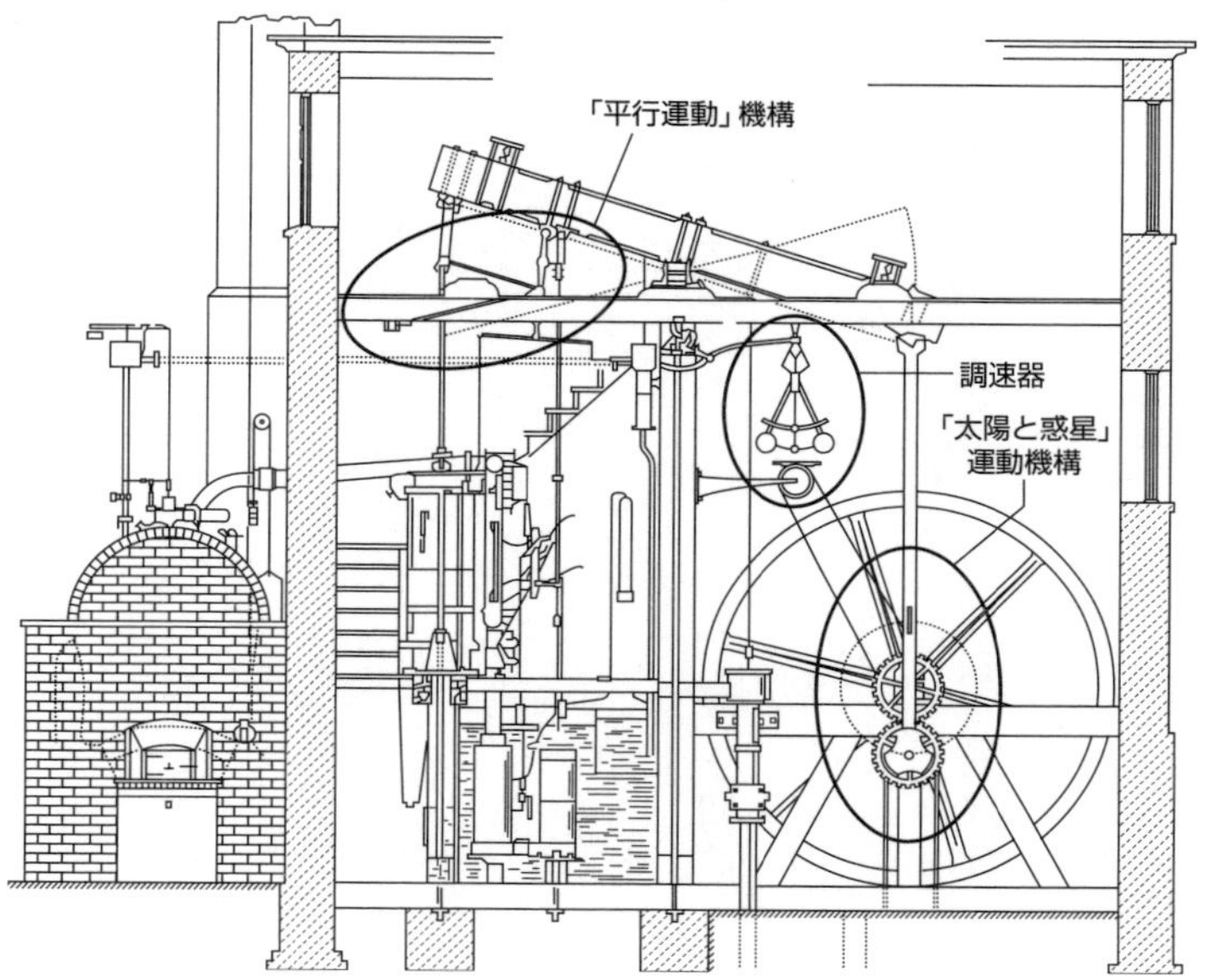

●―ワットの複動式回転運動機関

「平行運動」機構

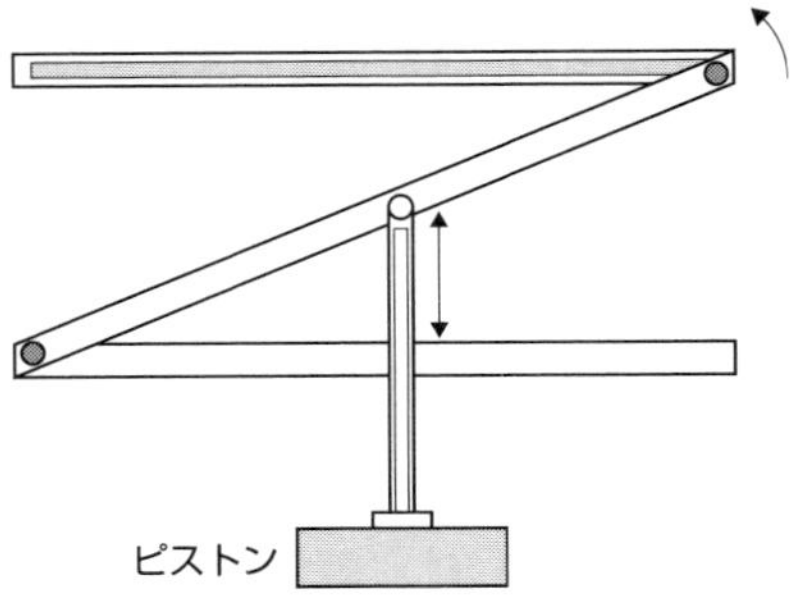

けシリンダーに蒸気を入れ、あとは蒸気の膨張力でピストンを動かす）を利用したこと、第二に同じ大きさのシリンダーから二倍の動力がえられる複動機関としたこと、第三にそれを使うためのピストンロッドとビームの連結機構をつくりあげたことであった。しかし、これらのなかにはすぐに他のものにおきかえられたものや、その後使われなくなったものもあった。例えば、第三の改良はワット自身が傑作であると高く評価した「平行運動」機構にすぐにおきかえられた。

この「平行運動」機構を理解するためには、ワットの往復運動の蒸気機関でも、当初はシリンダーを上下に往復運動するピストンロッドの先端とビームをつなぐものが鎖であったことに注意しなくてはならない。連結部分が鎖であるため、いずれかの動きがすぐには他方に伝わらず、上への運動速度と下への運動速度が異なっているのである。ピストンはゆっくり上がって、速く落ちる。音であらわすと、「ひゅ〜〜ストン」である。ワットの「平行運動」機構はピストンロッドとビームの連結部分を、鎖ではなく、パンタグラフに似た形状（三棒運動）の機構を使って、上下の運動速度を鎖の場合のようなたるみを生じさせることなく、すぐにビームに伝達する工夫であった。一七八四年にワットは馬車への蒸気機関の応用を含む他の改良とともに、この「平行運動」機構で特許を取得した。

一方、特許は取得しなかったが、一七八八年以降のワットの回転運動機関には遠心調速機が取りつけられていた。これは蒸気機関の運動を自動的に調節するための装置であった。「太陽と惑星運動」機構で生み出された回転が二個の重い球のくっついた軸に伝わり、その回転運動の速さが大きくなると、遠心力によって球は軸の下から円弧を描いて上に上がり、その結果、エンジンにつながる蒸気パイプの弁を動かすのである。

蒸気機関の市場

特許期間に国内向けに製造されたワットの蒸気機関は、約四五〇台と推定されている。一七八三年までに製造されたすべての機関は往復運動機関であったが、それ以降は回転運動機関の注文もはいりはじめた。これらは揚水用に比べると小さく、製造数も年に一八台までであった。しかし一七九六年にソーホー工場内で蒸気機関用の鋳造場が開業すると、回転運動機関の製造数がボールトンの予想どおり、飛躍的に増大した。

共同事業の最初の一〇年間に販売された揚水機関の大部分は、コンウォール地方の銅や錫の鉱山に設置された。この活動はボールトンとワットにとって次のような理由のため、重要であった。第一に販売された機関の数が多く、儲けが多かったこと、第二にこの地方の銅産業がかなり衰退していた時期に機関の需要をふやすために、ボールトンとワットはこの地方の鉱山に大規模な投資をおこなっていたこと。この地方でワット機関の需要が大きかったのは、鉱山が深く掘られたため、水力を利用する機械やニューコメン機関ではワット機関ほど水を適切に吸い上げられなかったからである。一七七八年にはこの地方で七〇台以上のニューコメン機関が作動していたが、九〇年には一台を除いてすべてが姿を消し、ワット機関に取り換えられていた。

もう一つ理由があった。それは、ワット機関はニューコメン機関よりも蒸気の燃料である石炭の消費量をかなり節約できたからである。例えば、この地区のコンソリデーティッド鉱山で八一年に七台のニューコメン機関が五台のワット機関に取り換えられたが、石炭消費量は年間一万九〇〇〇トンから六一〇〇トンに激減した。当時の石炭価格をもとに換算すれば、これは年額約一万八〇〇〇ポンドの節約になったのである。結局、この地方では一七七七〜一八〇一年までにワット機関が四九台すえつけられた。

揚水機関に対して、ボールトンとワットの利益(当時は「割増金」〈プレミアム〉と呼ばれた)は次のようであった。ワットは一七七六年のある手紙でこう述べている。「われわれの利潤は、機関の製造からではなく、同量の水を同じ高さに上げるときに、われわれの機関が普通機関〔ニューコメン機関〕に比べて達成できた燃料の節約から生じます。われわれが請求する割増金は節約額の三分の一で、これを毎年、二五年間払ってもらいます。もしも使用者が望むならば、これを一度に一〇年分の現金にすることもできます」。前述のコンソリデーティッド鉱山の場合なら、ボールトンとワットの利益は毎年三六〇〇ポンドということになる。

回転運動機関の市場としてもっとも大きかったのは、ボールトンが予想していたように織物業、とくに綿工業であった。綿はもっとも機械紡績しやすい織維であるため、ワットの回転運動機関は撚《よ》り数が多く強い糸を紡ぐのに適していたウォーター・フレーム（水力紡績機）で使われはじめ、その後経《たて》糸、緯《よこ》糸のどちらにも適していたミュール機に導入されて、一気に販路を拡大した。一方、毛織物業での回転運動機関の利用は全般に遅れた。とはいえ、ヨークシャの主要な企業家、ベンジャミン・ゴットはワット機関を早くも一七九二年に彼の工場に導入した。なお、綿・毛織物業での蒸気機関利用の主目的は回転力であったが、副工程ではボイラーからの蒸気を染色・漂白用の大桶の加熱に用いていた。

製造業で十八世紀末までに回転運動機関を利用していたことが知られているのは次の二つである。一つはソーホー工場内にあった貨幣鋳造所で、ここは国内外の顧客にコインを供給するだけでなく、コイン製造用の流れ作業システムの実験展示場としても機能していたが、いくつかの工程で蒸気力を利用していた。二つ目は、ロンドンのブラックフライアーズで一七八八年に完成したアルビオン蒸気製粉工場である。ボールトンとワットが株主であるこの工場には二台のワット機関が設置され、蒸気力製粉工場としては、当時世界最大であった。

しかし、九一年には焼失し、巨額の富を生み出す前に、一種の実験的施設で終わってしまった。

揚水機関の利益(割増金)については前述したとおりであるが、回転運動機関ではどのようであったか。これに関わってワットが打ち出したのが、「馬力」という仕事の単位であった。エンジンの作動力の大きさを、この機関と同等の仕事をおこなう馬の数で表示しようというのが基本的な発想であった。エンジンの動力を馬の動力と比較することは、すでに先例があった。例えば、セイヴァリは一七〇二年に、自分のエンジン一つが二頭の馬を使う場合と同じ量の水を引き上げることができると述べていたし、七五年にスミートン▲はロシアで建造した大気圧機関について、その動力は四〇〇頭の馬の労働に等しいと説明していた。ワットは一七八三年の計算ノートに「一頭の馬＝一分間に重さ三万三〇〇〇ポンドを一フィート上げる」と書いていた。これから二、三年以内にソーホー工場では回転運動機関の仕事を馬の数で評価し、回転運動機関での割増金は馬力を基準とするようになった。

さらにワットは、一七九〇年頃、エンジンの動力を測定する器具を発明した。

▼**ジョン・スミートン**(一七二四〜九二)　イギリスの土木技師で、多数の橋、運河、水路、港湾施設、灯台などを設計し、「土木工学の父」と称されている。リーズ近郊で生まれ、地元のグラマースクールを卒業後、一時、父の法律事務所で勤務したが、科学器具を製造するようになった。航海用器具の開発で頭角をあらわし、一七五三年にはロイヤル・ソサエティの会員に選出され、その後水車と風車の研究でコプリ賞を受賞した。六〇年代以降、バース市のパース橋、スコットランドのフォース・アンド・クライド運河などの設計を手がけた。

彼はこれを「指示器」(インディケイター)と呼んだが、エンジンのシリンダーにパイプでこの器具を連結して、エンジンの一ストローク当たりの圧力変化を読み取る器具であった。

ワットの蒸気機関は海外にも販売された。共同事業開始からわずか三年後(一七七八年)に、排水用機関がフランスで設置された。これを手始めとして一七九九年までに全部で二四台が販売された。大半は西ヨーロッパの国々で、具体的にはフランス・ドイツ・イタリア・スペイン・オランダ・オーストリア・スウェーデンであったが、二台はロシア、一台はインドであった。用途は、排水のほか、製材・粉ひきなどである。海外での販売にともなって、ボールトンとワットはそれぞれの国で特許やなんらかの特権をえようとした。フランス・スペイン・オランダではある種の特権をえたが、特許を取得できた国はなかった。

揚水用であれ、回転用であれ、ワット蒸気機関の製造・販売を背後で支えていたのは特許であった。これまでにみたようにワットは複数の特許を取得したが、一七六九年の特許が蒸気機関の基本原理とみなされ、その後の特許はこれに対する追加か手直しと考えられた。このため、分離凝縮器と空気ポンプによって操作する機関はすべて、特許の侵害であると判断された。ボールトンとワットが共同事業を始めた最初の数年間において、彼らは蒸気機関に関わる他の特許を気にしていなかったが、八〇年代になると特許侵害がふえてきたので、ボールトンは友人の法律家に、六九年以降の蒸気機関に関わるすべての特許について図面と明細書の写しを取得しておくように指示したほどであった。ボールトンとワットは、重大な侵害には裁判で対処することを決心した。

八〇年代には二人の競合相手がいるとの報告があり、法的な対抗措置も検討されたが、本当に裁判まで突き進んだのは九〇年代になってからである。二つの事例が知られている。一つ目は、ワットが初期にシリンダーの製造を任せていたジョン・ウィルキンソンであった。侵害の範囲は、彼の弟のウィリアムがワット側の証人として裁判の審議で明らかにした。二つ目は、ジョナサン・ホンブローワー・ジュニアである。彼はかつて二重シリンダーエンジンを設計したことがあり、コンウォールの鉱山開発者に影響力があった。他のほとんどの特許侵害者と同様に、多数の証拠を突きつけられてウィルキンソンは降伏し、ホンブローワーに対して法廷はワットを支持して、ホンブローワーに特許料の支払いを命じた。

発明家としてのワット

ワットは蒸気機関の開発だけをおこなったわけではない。発明家として多彩な才能を発揮した人物である。科学機器製造業者であった一七六五年には「透視画具」を考案した（一一頁参照）。これは遠くにある建物の形などを写しとる道具で、折りたたんでコンパクトにすることができた。ワットはこれを五〇～八〇台製作し、一台を三ポンド三ペンスで販売した。だが、この道具は特許をとらなかったため、ロンドンの製造業者ジョージ・アダムスに模倣され、二倍の金額で販売された。

土木技師であった時代（一七六九～七一年頃）には望遠鏡を用いて距離をはかる器具「マイクロメーター」（今日のテレメーター）を発明し、これを実際に、例えばインバーネスとフォート・ウィリアム間の運河計画の測量に使った。

蒸気機関以外の発明で、特許取得はもちろんのこと、商会の設立までおこなったものがあった。おもに手紙の複写に用いる「圧写器」がそれである。特許は一七八〇年に取得され、それから一カ月後にはこの道具の製造・販売のために「ジェームズ・ワット商会」がつくられた。出資金はワットが五〇%、ボールトンが二五%、化学者のケアが二五%であった。ワットはこの道具をロンドンへもっていき、両院の議員、銀行家、コーヒーハウスの常連客などにみせて、この年の終わりまでに一五〇台を販売した。この道具にはエラスムス・ダーウィンやプリーストリも関心を示していた。

ワットの発明の才は機械仕掛けのものによく発揮されるが、化学に関わる発明もあった。それが一七八二年に発明された「鉄セメント」である。蒸気機関のいくつかの部品、例えば分離凝縮器、シリンダーを管でつなぐさい、その継ぎ目で蒸気もれが起こることがある。そのままにしておけば蒸気力が落ち、機関の性能が低下するので、蒸気もれをふさぐセメントが必要であった。ワットは物質の組み合わせをいろいろと変えて実験を繰り返し、鉄の切り屑と「ろ砂」(今日の塩化アンモニウム)および硫黄の混合物が最適であることを発見した。この鉄セメントはこれ以降しばらくの間、製造業者によって大変愛用された。

▼ジェームズ・ハットン(一七二六〜九七)　スコットランドの自然学者。エディンバラの富裕な商人の子として生まれ、エディンバラ大学を卒業し、法律事務所に勤務するが、医学を学ぶためにエディンバラ大学に再入学した。一七四九年、オランダのライデン大学で医学博士号を取得した。しかし、医師にはならず、遺産として継承したベリックシャにある農場で農業の近代化に尽力した。六八年にはエディンバラに移り、科学研究に専念する。八五年、独自の地球理論をエディンバラのロイヤル・ソサエティで発表し、九五年に『地球の理論』(全二巻)を出版した。

ルナ・ソサエティのおもなメンバー

ダーウィン(医師)
ボールトン(製造業者)
ホワイトハースト(時計製造業者)
スモール(医師)
ケア(化学者，ガラス・石鹸製造)
ワット(蒸気機関製造業者)
ウェッジウッド(陶磁器製造業者)
プリーストリ(非国教徒学校教師・聖職者)
ウィザリング(医師〈ジギタリスの処方〉)
エッジワース(アイルランドの発明家)
デイ(著作家)

ワットを取り巻く人々

ワットを蒸気機関の発明家と理解するだけでは十分ではない。ワットの社会的基盤を人とのつながりという面からみてみると、一つの特徴が浮かびあがってくる。それは、時期によって顔ぶれは変わるものの、ワットの身近にはいつもその地方で活躍する学者や知識人がいたことである。グラスゴー時代には、「スコットランド啓蒙」の担い手の一人、ブラックやグラスゴー大学の化学講師で、ニューコメン機関について手ほどきしたロビソン、さらに現在では地質学者として有名だが、ワットが知り合ったころには医学博士号をもつ農業経営者のハットン▲がいた。

バーミンガムに移ってからは、「ルナ・ソサエティ」の面々である。この会はまったく私的な集まりで、会則もなく役員もおかず、議事録さえ残していなかった。会の名称となった「ルナ(月光)」にしても、月一度の集まりを、帰路の夜道の安全が確保しやすいという理由で満月の日にしたことに由来していた。発端は一七六六年頃に、すでに友人関係にあったボールトンとダーウィンに共通の知人であるダービーシャの時計製造業者ホワイトハーストが加わって、実

▼ベンジャミン・フランクリン（一七〇六〜九〇）　アメリカの政治家で電気研究者、著述家。ボストンで生まれ、印刷工から始め、一七三〇年代に新聞・雑誌の発行人となった。アメリカ哲学協会の創設に尽力し、ペンシルヴァニア大学の設立を支援した。一七三六〜五一年までペンシルヴァニア州議会議員を務め、四六年から電気研究に取り組み、四九年に雷雨時の凧による実験から雷が電気であることを明らかにした。五三〜七四年には全植民地郵便長官代理を務めた。七六年の独立革命のときには、大陸会議代表として革命を指導し、独立宣言の起草委員の一人となった。八五〜八七年はペンシルヴァニア州知事を務め、八七年の憲法制定会議で重要な役割をはたした。

験や器具、あるいは熱の問題をめぐって手紙で意見交換をおこなうようになったことにある。その後、彼ら全員が尊敬していたフランクリン▲がミッドランド地方を訪れたさいに紹介してくれたスコットランド出身の医師スモール、さらに化学者のケアが合流して会の原型ができたようである。会合はボールトンの邸宅で開かれることが多かったので、ワットはボールトンとの関係から自然にすぐにそのメンバーとなった。

　会で話題になったのは、当然ながらメンバーがそのときに関心をもっていることで、科学研究や産業技術の方面、例えば光学・天文学・化学・機械学・水力学・鉱物学・気象学・磁気・気球・弾道学・植物学・医学に比重がかかっていたものの、政治や宗教に関わる問題も自由に議論された。奴隷貿易への反対やフランス革命（初期段階）支持の傾向は強かったが、なにか運動を始めたわけではなかったし、個人の立場はそれぞれであった。ワットの場合、政治には無関心だが、スコットランド出身者らしく宗教的立場は長老派、ボールトンはいつも与党支持でイングランド国教徒、ダーウィンは理神論者といった具合であった。メンバーは一人の客を連れてくることができたので、この会にはメンバーの数以上の広がりがあった。客のなかには、例えばロイヤル・ソサエティ会長のバンクスのように著名な人たちも多かった。なお、ワットを含め一〇人のメンバーはロイヤル・ソサエティの会員に選出された。

　ワットはこの会にプリーストリ▲が加わった一七八〇年以降、彼の気体に関する実験に関心をもつようになった。自らも実験をおこない、その成果をロイヤル・ソサエティに送った。『フィロソフィカル・トランザクションズ』に掲載されたその論文は、当時、元素と考えられていた水を化合物であると主張していた。このことは化学研究者としてのワットの力量の高さを物語っているが、しかしこの成果により彼はその後、論争に巻き込まれていくことになる。というのも、ほぼ同じ時期に、理論的立場を異にしながらも同様に「水の化合物性」を論じる複数の人物がいたため、誰が最初にこのことを明らかにしたのか、優先権をめぐる問題が生じてしまったのである。複数の人物とは、ワットのほかに、イギリス貴族の自然研究者キャヴェンディッシュ▲と新しい酸素理論を提起し、「化学革命」の立役者となるフランスのラヴォワジエ▲であった。

　化学史研究者が「気体化学の時代」と呼ぶこの時期には、いくつもの新しい

▼ジョゼフ・プリーストリ（一七三三〜一八〇四）　イギリスの自然哲学者・非国教徒派の聖職者・教育者。リーズ近郊の非国教徒家系に生まれた。地元のグラマースクールで学んだのち、一七五二年にダヴェントリーの非国教徒学校に入学した。卒業後、いくつかの非国教徒学校で自然哲学や英文法などを教えた。七百頁を越える『電気学の歴史』（一七六七年）、五巻本の『実験哲学史』（一七七二年）など、自然哲学、神学、哲学、政治など幅の広い分野にわたって多数の著作を残した。フロギストン説の立場から酸素気体を単離することに成功し、これを「脱フロギストン空気」と呼んだので、酸素の発見者の一人に数えられている。フランス革命が勃発すると、急進的な政治哲学の立場からこれを支持した。しかし、反発した国教会派の群衆から自宅を焼き討ちにされ、余儀なくアメリカ合衆国へ移住した。神学的には三位一体説を否定するユニテリアンであった。

▼ヘンリ・キャヴェンディッシュ（一七三一～一八一〇）　名門貴族の出身。著作はなく、公刊論文も多くはないが、膨大な手稿から研究は多方面にわたることがわかっている。熱、気体化学、電気、地球の密度、重力などである。

▼アントワーヌ・ラヴォワジエ（一七四三～九四）　フランスの化学者。燃焼が酸素との化合によるとする新しい理論の提起をはじめ、元素の実験的定義、化合物を成分元素によって命名する方式を提唱して、科学としての近代化学の成立＝「化学革命」を達成した。

▼トマス・ベドウズ（一七六〇～一八〇八）　化学者・内科医。オクスフォード大学在籍中に化学に関心をもつようになり、一七八四年から三年間エディンバラ大学で医学を学びつつ、ブラックの化学講義に出席。八八年からオクスフォード大学で化学講義をおこなった。九三年からブリストルへ移り、九九年に気体医学研究所を開設。

気体が発見されるようになった。酸素気体のように呼吸を支える機能が明らかになると、ルナ・ソサエティの会員のなかには、自身や家族が結核にかかっている者がいたため、化学研究で新しく発見された気体が、結核の治療に役立つのではないかと期待する者がいた。ワットもその一人であった。ワットは最終的には子ども二人を結核で失っている（娘ジャネットは一七九四年に一五歳で、息子グレゴリは一八〇四年に二七歳でこの世を去った）。気体化学の研究者でもあったワットは、オクスフォードの化学者で政治的には急進派として知られていたベドウズ▲による気体医学研究所の設立提案（一七九三年）を支援した。この気体研究所は結局、めだった成果をあげなかったが、この研究所をつうじてワットの息子グレゴリと研究所の実験助手デイヴィが交友関係を結んだ。このデイヴィは、やがてイギリス科学を代表する人物になった（六六頁参照）。

この会は一八〇〇年頃までは続いたが、メンバーの他界、高齢、転居などのため、それ以降はいわば自然消滅した。ワットにとってこの会は社交や気晴らしの場であり、あるいは技術開発に関して新しいヒントをえたり、批判を受けたりする機会でもあり、絶えず新鮮な情報を提供し、知的好奇心を刺激してくれる場であった。

晩年

ワットは一七九八年、六二歳のときにウェールズ東部ラドノアシャのライアダ近郊に農場付きの住居を購入し、以来、夏の数カ月をそこで過ごすようになった。その後住居は立派な邸宅に建て替えられ、隠居生活の場となった。このころからワットは妻とともに、国内外の旅行を楽しんだようである。とはいえ、完全に技術の世界から身を引いたというわけではなかった、一八一一年にはグラスゴーの水道会社から、クライド川を横切る浄水施設の工事について相談を受けた。また二種類の機械開発にも取り組んだ。一方、准男爵位の申し出も、スタフォードシャとラドノアシャ両州からの名誉職である州執行官(ハイ・シェリフ)就任の申し出も辞退した。そして一八一九年八月二十五日にバーミンガムでなくなった。八三歳であった。墓はボールトンの墓の隣につくられた。一八二六年には「才能と勤労によって」(Ingenio et labore)というモットーとともに家紋が認められた。▲

▼**家紋が認められる**　社会的にはジェントルマンと同様に、あつかわれたということ。

③―炭鉱の蒸気機関工―スティーヴンソンの前半生

生い立ち

「イギリス鉄道の父」とも呼ばれることがあるジョージ・スティーヴンソンは、イングランド北部のニューカッスル・アポンタインから西へ一五キロほどのところにあるノーザンバーランドシャのウィラムで一七八一年六月九日に生まれた。父ロバートは、ウィラム炭鉱で働く揚水工であった。父方の祖父は、ジェントルマンの召使いとしてスコットランドからイングランドにやってきたようである。母マーベルは近くのオヴィンジャムで染色業を営んでいたリチャード・カーの娘であった。この二人は一七七八年五月に結婚し、四男二女に恵まれた。

炭鉱の機械工として

次男として生まれたジョージは、今日の小学校にあたるものにかよっていない。そもそもこの時代のイギリスでは初等教育が義務化されておらず、家族も初等教育を受けるべきだと考えていなかった。母は結婚のさい、教会の記録簿に自分の名前を書くことができず、他人に書いてもらった名前の前に「×」印をつけただけだったので、母から読み書きを習うことはできなかった。ジョージは一八歳になってようやく仕事の合間に読み書きの勉強を始めたらしいが、書くほうは生涯苦手で、功なり名を遂げたあとでも手紙は息子か秘書に書いてもらわねばならなかった。読み書きと同時に算数も教えてもらい、すぐにできるようになったが、少しでも理論が関わる計算はできなかったらしい。

二〇歳近くになるまで、このように学校とは無縁であったので、小さいころから働きにでていた。最初の仕事は、近くの農場で牛追いをしたり、カブを植えるために土地を耕したりすることであった。八歳になると、父が働いていたデューリー・バーン炭鉱で雇われ、掘り出された石炭から石を取り除く仕事をおこなった(この職種は「ピッカー」と呼ばれていた)。一日当たり六ペンス(四〇分の一ポンド)の賃金であった。ちなみに、父の賃金は週当たり一二シリング(五分の三ポンド)。炭鉱では作業の熟練度や責任の軽重によって仕事が細かく格付けされており、年齢があがるとともに、ジョージのランクは少しずつあが

ジョージ・スティーヴンソンの家系図

- ロバート・スティーヴンソン（揚水工）＝マーベル・カー（染色業者の娘）
  - ジェームズ 1779年生まれ（揚水工,ロコモーション号を運転）
  - ジョージ 1781-1848 ＝フランシス・ヘンダーソン
    - ロバート 1803-1859（製造業者・技師）
  - エリーナ 1784年生まれ（ジョージの息子ロバートの母親代わり ジョージの会社の社員リドゥルと結婚）
  - ロバート 1788年生まれ（揚水工・ペンドルトン炭鉱の経営者）
    - ジョージ・ロバート 1819-1905（左のロバートの死後ロバート・スティーヴンソン社を継承）
  - ジョン 1789-1831
  - アン 1792年生まれ（ジョン・ニクソンと結婚してアメリカ合衆国へ移住）

ロバート・スティーヴンソン

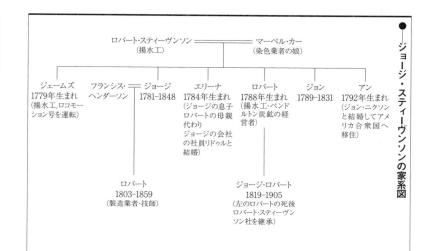

っていった。ピッカーの次は、坑道で資材を運ぶ馬の引き手をまかされ、その後一四歳のころには、揚水工長の父を補助した。揚水工というのは、地下深く掘られた坑道で湧き出した地下水を固定した蒸気機関を使って外部へ排出するさいに、その蒸気機関を扱う作業員のことである。蒸気機関は当時の最新機械であったため、これを操作する作業員は、ツルハシやシャベルを使って石炭を掘り出す肉体労働主体の鉱夫よりも、機械についての理解や操作の熟練が必要な機械工として、鉱山内では地位が高かった。当時、炭鉱で働く者たちは、少しでも条件の良いところを求めて、働く場所を頻繁にかえていたが、ジョージも炭鉱をかえて揚水工の仕事を続けた。

ジョージが頭角をあらわしはじめたのは、一七歳のときであった。隣町ニューバーンにあるウォーター・ロウ炭鉱に最新の蒸気機関が設置されたさいに、ジョージは機関作業員（エンジンマン）として採用されたのである。偶然にも父もこの炭鉱に移ってきていたが、相変わらず揚水工で、職種のランクはジョージのほうが上であった。兄と弟は別の炭鉱で働いていたが、職種は父と同じ揚水工であった。一八〇一年（二〇歳のとき）にはドーリー炭鉱に移り、さらに昇

ウエスト・ムア炭鉱

格して蒸気機関を使った巻揚げ機の操作と保守管理を担当する制動手(ブレークスマン)になった。賃金も週当たり一七シリング六ペンス(八分の七ポンド)から一ポンドに昇給した。

この炭鉱で働いているとき、ジョージは近くの農家に間借りしており、ここで召使いをしていた小農の娘フランシス・ヘンダーソンと出会い、一八〇二年十一月二十八日にニューバーンの教会で結婚式をあげた。妻は三姉妹の長女で、ジョージよりも一二歳年上であった。ジョージは最初、三女のアンに心をひかれていたが、アンから断られたため、フランシスを妻にしたようである。二人の間には翌年十月十六日に唯一の息子、ロバートが生まれた。

結婚の少し前から始めていたことだが、ジョージは炭鉱での収入を補うために、副業として靴・置き時計・腕時計の修理をおこなうようになり、とくに時計の修理は評判が良く、かなりの成功をおさめた。一八〇四年に、ジョージが「大同盟」のウエスト・ムア炭鉱の制動手になったため、一家はニューカッスル北部のキリングワースへ引っ越した。この「大同盟」というのは、ノーザンバーランドとダーラム地区にある多くの炭鉱を所有したストラットモア伯爵▲、

▼**ストラットモア伯爵**　ジョン・ボウズ(一七六九〜一八二〇)。一七七六年に第一〇代ストラットモア・キングホーン伯爵を継承したスコットランド出身の貴族。

▼リデル准男爵　トマス・リデル(一七七五〜一八五五)。のちの初代ラヴェンスワース男爵。一七九一年に父から准男爵を継承。一八〇四年にノーザンバーランドの州長官。ダーラムの庶民院議員(トーリー派)でもあった。

▼ジェームズ・スチュァート・ワートリー(一七七六〜一八四五)　のちの初代ワーンクリフ男爵。首相のビュート伯爵の孫の一人で、軍人としての経歴を積んだあと、一七九七年以降庶民院議員(コンウォールの腐敗選挙区で、トーリー派)を務めた。

トマス・リデル准男爵▲、ジェームズ・スチュアート・ワートリー▲による共同事業体のことを指し、この地区の「大企業」であった。フランシスはここで翌年七月に長女を出産したが、娘は三週間でこの世を去り、フランシスも結核で一八〇六年五月十四日に死亡した。

この直後、ジョージは幼い息子のロバートを家政婦にまかせて、スコットランドのモントローズの紡績工場で働くことになった。ここの工場主に請われて、工場に設置されているワット型蒸気機関の運転を監督するためであった。この仕事は一年あまりで終わり、一八〇八年にはキリングワースに戻った。この間に弟ロバートは息子の面倒をみてくれていた家政婦と結婚していたので、その後息子ロバートの面倒とジョージ家の切り盛りは、ジョージより三歳年下の妹エリーナがしてくれることになった。

だがこのころは、家族の不幸と金銭上の問題がかさなり、ジョージの人生のなかでも苦難に満ちた時期であった。父は炭鉱のボイラー室で起こった蒸気もれ事故で失明し、ジョージは対仏戦争に民兵として徴集されかけ、お金をはらってそれから逃れるといった事態が続いたのである。将来を悲観して、一時は妹のアンを追って北アメリカへの移住を考えたが、子どものことや機械工としてのこれまでの実績を振り返り、思いとどまった。機械工としての実績についていえば、確かに人生の早い段階から勤務先を何度もかえ、エンジン専門の機械工としてさまざまな経験を積んでいた。キリングワース炭鉱に移る前に、すでに新旧いずれのタイプの蒸気機関も操作できるようになっており、キリングワースに来てからは毎週土曜日に、炭鉱にある蒸気機関の分解・組み立てをおこない、この機関の建造技術を習得した。

そのようななか、一八一一年、ジョージが三〇歳のときに彼の運命を大きく切り拓くことになるできごとが起こった。この年、キリングワースのハイ炭鉱ではニューコメン式の揚水用蒸気機関が新たに設置されたが、故障を繰り返していた。そこで会社は一〇ポンドの報奨金を出して改善策を募った。ジョージは、おおもとの設計に不備があることを突きとめて機械をなおし、報奨金を手にした。ここで重要なのは報奨金の額ではない。このハイ炭鉱の所有者があの「大同盟」であった点である。このできごとによってジョージは、「大同盟」所有のすべての炭鉱にある機械類の管理を年一〇〇ポンドでまかされるようになり、遠くの炭鉱を訪れることができるようにとアイルランド馬を贈呈された。このあとジョージは、結局三九台の固定式蒸気機関の建造に関与したほか、彼の提案で坑道に軌道を敷き、その上に荷車を走らせて石炭を運ぶシステムが導入された。このシステムはキリングワースをこえて、多くの炭鉱に普及した。

炭鉱用安全ランプの発明

これからしばらくして、ジョージの名前がイングランド中に広く知られるようになる事件が起こった。それは、鉱山で使われる安全ランプの発明をめぐるものである。「事件」と記したのは、この発明が二人の人物によりほぼ同時に独立しておこなわれたため、発明の優先権などをめぐって、その後論争が生じたからである。発明の一方の当事者がジョージであり、もう一方が第二章で登場したハンフリー・デイヴィである。炭鉱や鉱山では、掘削の過程で炭化水素系の可燃性気体がもれ出し、明かりとりに用いていたランプの炎が引火して爆発を起こす事故がしばしば起こった。ジョージが働いていたウエスト・ムア炭鉱でも、一八〇六年と〇九年に事故が起こっており、一二年にも近くのゲイツヘッドにある炭鉱で九〇人もの死者(子どもを含む)を出す大惨事が起こり、タインサイド地方のみならずイングランド中を震撼《しんかん》させた。

デイヴィは一七九〇年代末期に気体医学研究所でワットと知り合ったが、その後ロンドンで設立されたロイヤル・インスティテューションの化学教授となった。カリウムやナトリウムを電気分解で単離するなど電気化学研究の先駆けとなるとともに、化学を農業に応用することにも尽力し、この時期のイギリス科学を代表する人物であった。

タインサイド地方の鉱山主たちは当代きっての自然研究者デイヴィに白羽の矢を立て、坑道を安全に照らすランプについて相談した。この要請に応えて、デイヴィは一八一五年八月には実際にタインサイド地方を訪れている。デイヴィはすでにこのころまでに、安全ランプの基本原理、すなわち、ランプの空気の取り入れ口に細い管を用いることで燃焼を支持する空気の量を制御するという原理を思いついていた。一方、ジョージは一八一五年十月二十一日にキリングワースで試作ランプを用いて初めての実験をおこない、十一月四日、三十日には改良型ランプを試した。とくに三度目の実験では、ジョージ自身がランプ

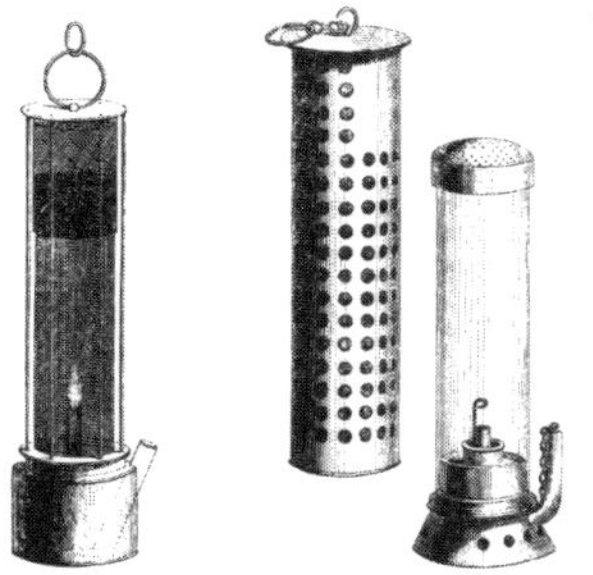

デイヴィのランプ(左)**とスティーヴンソンのランプ**(右)　地下の暗い坑道を歩くとき、手でぶら下げて用いる明かり取りである。炭坑ではしばしば炭化水素系の可燃性気体がもれ出しており、ロウソクの火が近くにあると、引火して爆発を起こし、人命を奪う事故も頻繁に起こった。坑道を照らすためにロウソクの炎を用いつつ、可燃性気体と空気中の酸素を反応させない工夫という点で、デイヴィとスティーヴンソンの原理は同じであったが、デイヴィの場合にはロウソクの周りに金網をめぐらせて、一方、スティーヴンソンの場合は多数の穴を開けた金属製の円筒でロウソクを覆うというものであった。

をもって可燃性気体が多い場所を無事に通過することができた。ジョージは燃焼の原理(可燃物質と酸素の反応)を知らずに、何回かの実験からろうそくの炎に達する空気の速度が重要であることを経験的に理解したようである。

　上の図からわかるように、デイヴィのランプと「ジョディ(Geordie)」と愛称で呼ばれたジョージのランプは、デイヴィが炎の芯の周りに金網をめぐらし、ジョージのほうが多数の穴が開いた金属製の筒を用いている点を除けば、基本構造は同じであった。一八一六年にはタインサイド地方の鉱山主などが寄付金を募って、二〇〇〇ポンドを感謝状とともにデイヴィに贈呈した。またジョージに対しても一〇〇ギニー(一〇五ポンド)が贈られた。この金額の差は、一流の科学者による現象の科学的な解明を基礎とした発明と、鉱山の機械工による原理の解明をともなわない、いわば「偶然」の発明との差をあらわしているのかもしれない。しかしこの直後に、「大同盟」などの人々が報奨金の金額上の不公平を正そうと寄付金を募り、タインサイド地方の鉱山主、経営者、行政機関の幹部が参列した公式の晩餐会を開催し、ジョージに銀プレートと一〇〇〇ポンドを贈呈したのであった。

初期の蒸気機関車

鉄道システムの基礎となる蒸気機関車は、最初から人の足となることを想定して建造されたのではなかった。「鉄道の父」とされるスティーヴンソンのこれまでにみてきた経歴が示唆しているように、それは炭鉱での石炭輸送と密接に結びついていた。つまり、地表の坑道口から数キロにおよぶこともめずらしくない採掘現場から、どのような方法で石炭を輸送するかが問題であった。それにはいくつかの方法があった。一八二〇年代(初めての蒸気機関車が建造されてから二〇年後)まで用いられていたもっとも安全で安価な方法は、木製の線路上に石炭を積んだ荷車をおいて、それを馬が引っ張るというものであった。第二の方法は、荷車を引っ張るさいの動力源を馬ではなく、固定されたワットの蒸気機関に求めるものであった。

第三の方法は、固定した蒸気機関ではなく、蒸気機関自体が荷車とともに動く移動式の蒸気機関で、これが今日の「蒸気機関車」の原型になった。トレヴィシックが一八〇四年にコンウォール地方ペニーダレンの軌道(銑鉄製で距離は約一六キロ)で走らせた高圧蒸気機関車が最初の例とされる。蒸気機関の回転運動を輸送手段に応用することはワットも一時考えたようだが、高圧の蒸気圧が必要となり、機関を安全に操作し続けられるかに不安が残り、結局は断念したようである。トレヴィシックの高圧機関では、ボイラーが銑鉄製の円筒形で、その内部に火室をもち(つまり内だき方式)、前面からU字形の煙道を引き込んでいた(次頁参照)。シリンダーは煙道と反対側にあり、高温に保つため水平方向のボイラーに鉛直に組み込まれていた。さらにトレヴィシックは一定圧以上の蒸気を逃す安全弁や、万が一の場合に備えてボイラーのいちばん上に、高温で鉛のリベットが溶けて蒸気を逃がす「溶融安全栓」をつくり、高圧問題を切り抜けた。

だが、まだ問題があった。それは、この蒸気機関車が重すぎて、かつて馬が引いていた荷車の木製軌道を損傷してしまうことであった。このためウィラム炭鉱では、一八〇五年に近くのゲイツヘッドの工場で製造されたトレヴィシック型機関車の受け取りを直前に拒否するという事態になっていた。炭鉱主のクリストファ・ブラケットが、ウィラム炭鉱では軌道が伝統的な木製であるため、機関車の重量によって軌道が損傷することに気がついたからであった。

●—**リチャード・トレヴィシック**（一七七一～一八三三）　蒸気機関車の原型を初めて製作した人物である。下の図で示された装置は、高圧蒸気を用いて回転運動を生み出すもので、これ自体は蒸気機関車ではない。図の手前にある煙道が円筒形のボイラーに引き込まれている。回転運動を生み出すためのピストンは、煙道と反対側のボイラーのなかに垂直に埋め込まれている。

●—**トレヴィシックの高圧機関**

▼**ジョン・ブレンキンソップ**(一七八三〜一八三一)　リーズ近郊のロスウェル生まれ。一八〇八年からミドルトンで炭鉱主チャールズ・ジョン・ブランドリングの代理人を務めた。鉱山技術者で初期の蒸気機関車の発明者の一人。一一年にラック方式で特許を取得した。

鉱山主にしてみれば、蒸気機関車の採用は経済的に魅力あるものではなかった。これは同時に金属軌道の導入をともなうため、馬の飼育よりもはるかに資金が必要になったからである。それにもかかわらず、一八一〇年代になると、蒸気機関自体の改良をはじめ、レールの材質や形状などの改良もおこなわれ、とくにイングランド北東部の炭鉱地帯では少しずつ蒸気機関車が採用されるようになった。

例えば、一八一一年にリーズ近郊のミドルトン炭鉱では、鉱山主の代理人であるジョン・ブレンキンソップ▲はトレヴィシック型機関車の車輪数を四つから六つにふやす改良をおこない、特許を取得した。この改良では、ふやした車輪を前輪と後輪の間におき、かつそれらを歯車のついた車輪とした。同時に既存の木製軌道を、二つの爪つきの銑鉄製レールに取り換えた(次頁参照)。この方式は「歯車と歯ざお」(cog and rack)伝達機構、あるいは「ラック軌道」として知られるようになったもので、トレヴィシック機関車よりも牽引力が五倍強いと評価された。このタイプのものはイングランド北東部の炭鉱で実際に六台運行していた。

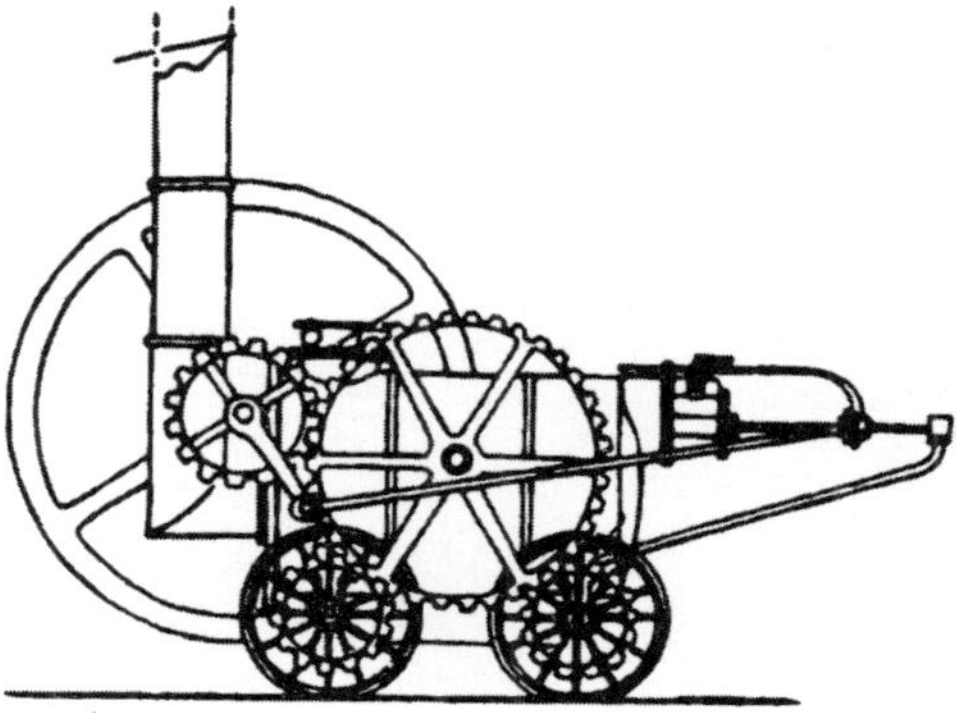

●**トレヴィシックの蒸気機関車**　コンウォール地方のペニーダレン軌道で使われたもの。ボイラーでつくられた蒸気が回転力を生み出し、その回転が真ん中の大きな輪から、銑鉄製のレール上にある小さな二つの車輪に伝えられる。

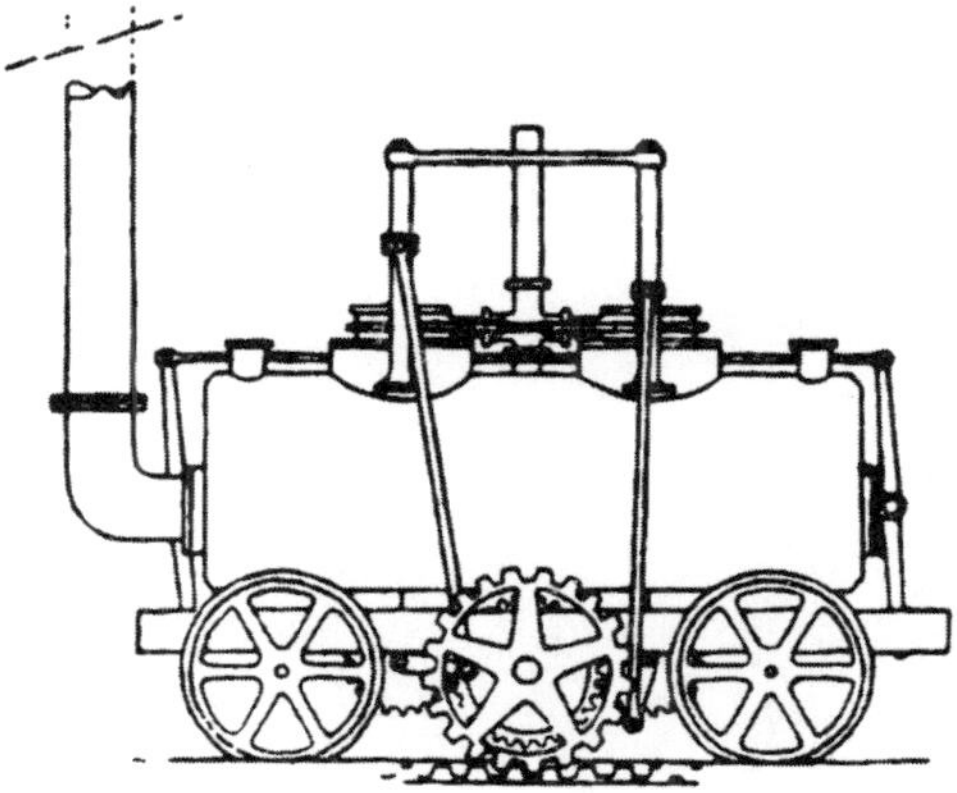

●**ブレンキンソップの蒸気機関車**（一八一四年）　車輪が三つになり、真中の車輪はいわば「歯車」になっており、レール側の「歯ざお」に食い込む。トレヴィシックの蒸気機関車より牽引力が大きくなった。

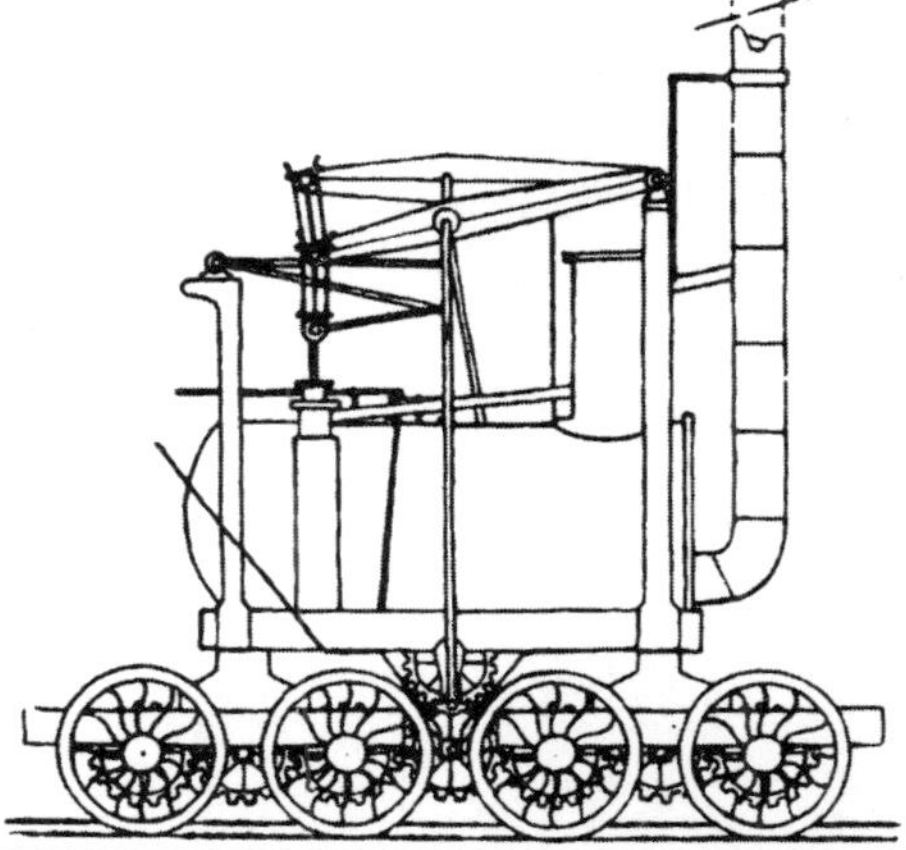

●**ヘドリの蒸気機関車**（一八一三年）　車輪の数を四つから八つに増やし、重い機関車の重量によりレールが損傷するのを防ごうとした。

▼**ウィリアム・ヘドリ**（一七七九〜一八四三）　ニューカッスル近郊のニューバーン生まれ。ウィラム炭鉱で現場監督を務めながら、蒸気機関車の製作にも取り組んだ。

ウィラム炭鉱では炭鉱監督のウィリアム・ヘドリ▲がトレヴィシック型機関車を自身のデザインにかえる改良をおこなうとともに車軸の数を二倍の四つに変更して、機関車重量の問題を解決していた。もっとも、この炭鉱の軌道はすでに金属製にかわっていたので、ラック軌道方式を採用していなかった。

④―鉄道の時代を切り拓く―スティーヴンソンの後半生

ブリュッヘル号

一八一三年末にはジョージも蒸気機関車の建造に関与するようになる。例の「大同盟」の一人、リドル准男爵がウエスト・ムア炭鉱の作業場でキリングワースの軌道で用いる蒸気機関車を建造することを決め、その監督をジョージに命じたのである。この結果できたのが「ブリュッヘル号」であった。「鉄道の父」ジョージ・スティーヴンソンにとって、第一号となる蒸気機関車であった。開通式の日、一八一四年七月二十五日には、多くの群衆が見物するなか、ジョージの兄ジェームズが運転するブリュッヘル号は一二両の石炭貨車を引き、総重量三六トンで、ジョージの昔の家の前をゆっくりとしたスピードで通り過ぎたという。

機関車の基礎設計は先行したブレンキンソップに倣ったものであったが、ラック軌道方式を採用していなかった。トレヴィシック型と比べると、ボイラーに取りつけてある煙道が一つで、なおかつまっすぐであるため蒸気の力が弱か

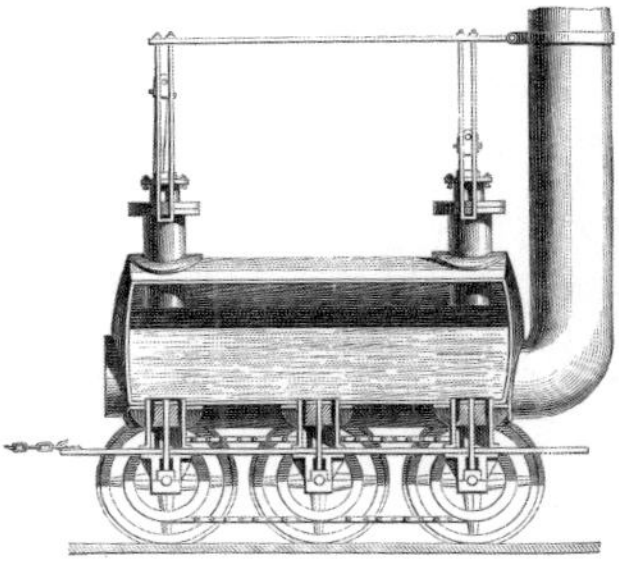
ブリュッヘル号

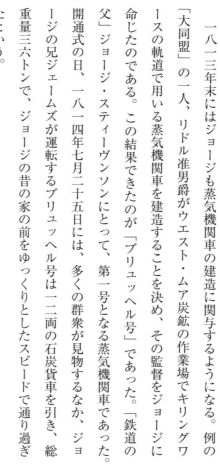

った。これにラック軌道方式を採用していないこともあり、ブリュッヘル号の弱点は牽引力が弱いことであった。ジョージはこれを改善するために、ボイラー煙道の直径を大きくしたり、ボイラーの力を直接車輪に伝える機構を工夫したりして、牽引力の増強を達成したが、蒸気力の増大にともなって騒音がひどくなり、沿線住民から苦情が寄せられるほどだった。改善すべき点は残されたものの、蒸気機関車の実用性・経済性はもはや疑いようのないものになった。ジョージの機関車が運用されるようになると、キリングワースの軌道で使われていた馬の数は五〇頭から三〇頭に減った。さらに線路が銑鉄から錬鉄にかわった一八二〇年までには、炭鉱において馬による石炭輸送は姿を消した。

一八一九年に、ジョージはヘットン石炭会社からも技師としての給与を受け取るようになった。ニューカッスル南部にあるヘットン炭鉱から東部の積出港にいたる石炭運搬用軌道を一三キロ敷設するためであった。この軌道では、平地部分は蒸気機関車だけで、途中の急斜面の上り坂は固定式蒸気機関の牽引力で石炭貨車を引き上げるといったように、蒸気機関車と固定式蒸気機関を併用する方式がとられた。完成までに二年を要したが、一八二二年の開通時には、貨車一七両をつないだ蒸気機関車は平均時速六～七キロで運行した。

なお、ジョージは一八二〇年三月に、かつて結婚を初めて考えた相手で富裕な農場経営者の娘エリザベス・ヒンドマシューと再婚した。しかし、その後この夫婦に子どもが授かることはなかった。同年十二月には、ニューカッスル北部のウィロウブリッジ炭鉱の共同所有者となった。二一年間の期限付きであったが、トマス・メーソンなる人物と七〇〇ポンドずつを出し合って購入した。

ストックトン・ダーリングトン鉄道

ヘットン軌道建設のニュースは、地元のタインサイド地方に知れわたったが、スティーヴンソンの名前を一気に全国レベルに引き上げたのは、なんといってもストックトン・ダーリングトン鉄道の建設であった。

この鉄道はダーラム南西部の炭鉱地帯（その中心がダーリングトン）と東部にあるティーズ川河口の町ストックトンを結ぶもので、一八一九年に建設計画が議会に上程された。しかし地元で強い反対があり、審議の結果否決されてしまった。その後、いくつかの修正を加えて再上程されるなどして、ようやく三

ストックトン・ダーリング鉄道

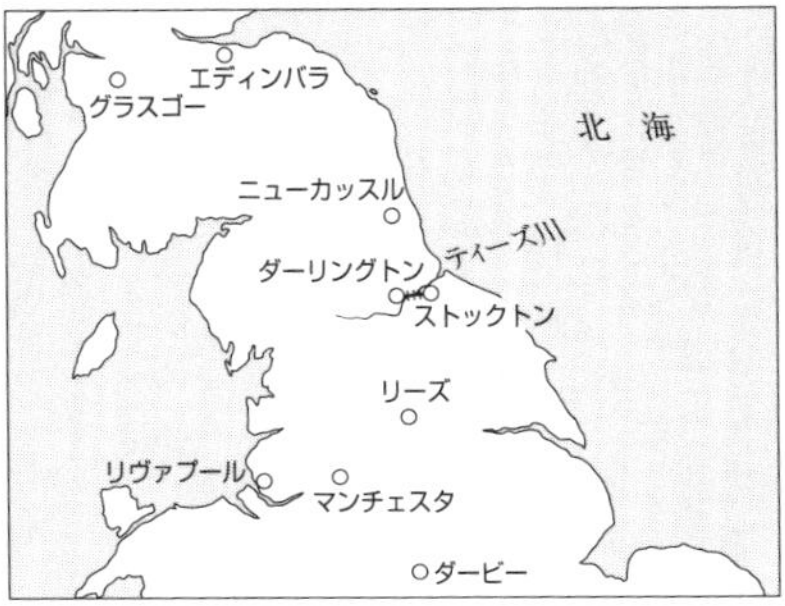

度目の法案が一八二一年四月に承認された事業であった。ジョージはこの法案通過後の五月に設立されたストックトン・ダーリングトン鉄道株式会社から、助手の給与などすべてを含め年六〇〇ポンドが支払われる技師に任命された。ジョージはこれ以外にも仕事をかかえていたので、彼自身がこの仕事のために働くのは一カ月のうち少なくとも一週間で、あとは二人の常駐技師が彼の指示に従って働くことになっていた。ここでのジョージの地位は技師長であった。

　現代の発想からすると、物資の輸送手段を鉄道に求めることはごくあたりまえのようにみえる。しかし、蒸気機関車がようやく発明されたばかりのこの時代ではそうではなかった。とくに石炭のような重い物資を大量に輸送する場合、最初に考えられた方法は陸地を削って河川につなぐ「運河」の建設であった。ストックトンとダーリングトンの場合も、イギリス各地で運河建設が進んだ一七六〇年代に、運河建設の計画案が策定されたが、建設費が六万ポンドあまりと巨額であったため、計画だけで終わった。その後、一八〇〇年代には、ティーズ川河口の改修工事がおこなわれ、ストックトンと北海がダイレクトにつながるようになった。この直後の一八一〇年に、ストックトンでは「石炭などを輸送するための鉄道または運河を建設する委員会」が設置された。

ここで注目したいのは、早くもこの時点で鉄道が選択肢の一つにあがっていることであるが、この「鉄道」は蒸気機関車によるものではなく、馬車軌道であり、この委員会はスコットランドの土木技師ジョン・レニー▲に土地の測量と計画立案を依頼したので、実質的には運河建設が想定されていた。レニーの計画案は運河建設で、ルートは十八世紀の案に近かったものの、建設費はさらにふえており、この案も実現しなかった。その後、ストックトン側からはダーリングトンを経由せず、炭鉱地帯とストックトンを直接運河で結ぶ案が出され、一方、ダーリングトンなどからは馬車軌道による案が提起されて、地区対立の様相さえおびてきた。この対立を解消するために、ダーリングトンで両案を検討するための会合が開かれ、馬車軌道＝鉄道推進派の意見がとおり、鉄道会社を設立することになった、スコットランドの土木技師ロバート・スティーヴンソン▲（ジョージの息子ロバートとは別人）に調査と図面の作成を依頼し、法案提出となった。その後のことはすでに記したとおりである。

ストックトン・ダーリングトン鉄道会社の開業は、一八二五年九月二十七日

▼ジョン・レニー（一七九四～一八七四）　多数の橋梁・運河などを建設したスコットランド出身の有名な土木技師ジョン・レニー（一七六一～一八二一）の次男で、ロンドンで生まれた。一八一五年、父を助けてサザーク・ブリッジの建設に携わった。二一年に兄のジョージと土木関係の会社を設立した。四五年にはロンドンの土木技師協会の会長に就任。

▼ロバート・スティーヴンソン（一七七二～一八五〇）　スコットランドの土木技師。いくつもの運河・橋梁建設に携わった。

であった。この鉄道が歴史にその名をとどめているのは、荷物だけでなく人を乗せて運行したからである。「史上初」の栄誉はロンドン南部を走る「サリー鉄道」に譲ったが、開業時に主役となった重量八トンの「ロコモーション一号」は約三〇〇人を乗せた客車二六両と石炭などを積んだ一二両の貨車を引いて時速一九〜二六キロで運行した。路線のすべてが蒸気機関車によっていたわけではなく、急勾配では固定式蒸気機関の牽引力を利用していた。また、人よりは石炭の輸送が中心であった。実際、開業後数年間において収入の九〇%以上は石炭輸送によるものであった。このように、この鉄道は当初の石炭輸送が乗客輸送へシフトしていく様子を見事に示している。

ロバート・スティーヴンソン会社の設立

ストックトン・ダーリングトン鉄道の開業に合わせて、ジョージは自分の名前をまったく出さず、息子ロバートの名前だけを冠した会社を設立した。業務は蒸気機関や蒸気機関車の製造・販売であり、「鉄道の時代」が到来することを見込んで、熟練工を集めるためでもあった。この会社の設立にあたっては、

●―ストックトン・ダーリングトン鉄道の開通　J・R・ブラウンが描いた一八二五年九月二十七日のストックトン・ダーリングトン鉄道開通の様子。馬に先導された「ロコモーション一号」が客車と石炭貨車を引き、ダーリングトン駅を出て、スケルン橋を渡りつつある。

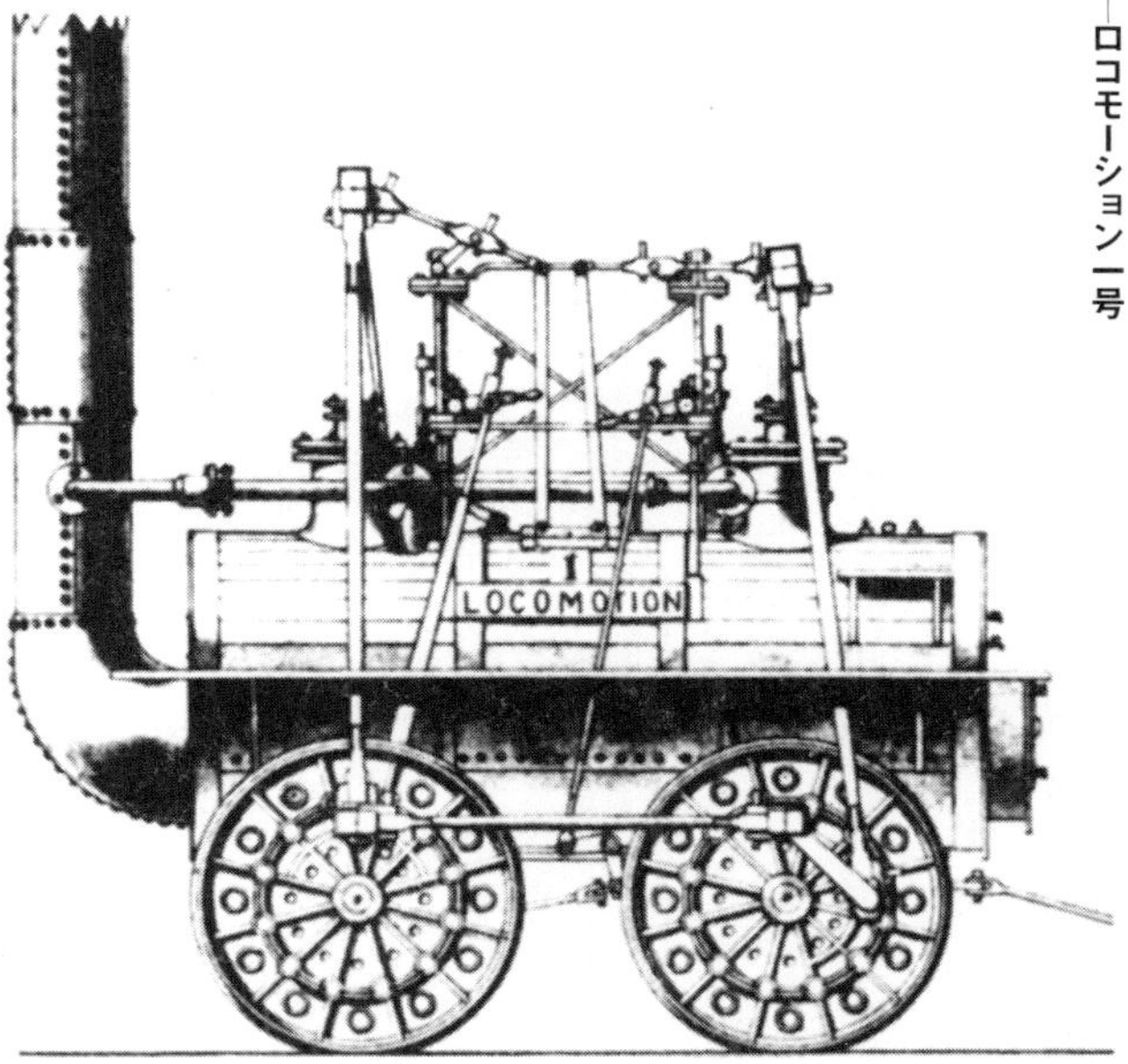

●―ロコモーション一号

クエーカー教徒で、ストックトン・ダーリングトン鉄道の開業でも大きな力を発揮したエドワード・ピーズやその従兄弟《いとこ》であるトマス・リチャードソン▲も資金を提供した。この会社が開業までにストックトン・ダーリングトン鉄道会社に引きわたした製品はロコモーション一号のほか、巻揚げ用の固定式蒸気機関四台であった。ジョージはもはやただの機械工ではなく、蒸気機関や蒸気機関車の製造業者ともなっていたのである。

リヴァプール・マンチェスタ鉄道

ストックトン・ダーリングトン鉄道の開業後、鉄道技師としてのジョージの名声はイングランド北東部をこえて広がり、鉄道建設計画が持ち上がっているさまざまなところから頻繁に援助を求められるようになった。これを見越して、一八二四年には、息子やエドワード・ピーズ、マイケル・ロングリッジ▲とともに、敷設する線路の測量や工法の検討など、技術面から鉄道建設の計画案を準備するための事務所を立ち上げた。さまざまな鉄道建設計画のなかでも、このころまでにもっとも重要だったのはリヴァプール・マンチェスタ鉄道建設計画

▼トマス・リチャードソン（一七七一～一八五三）　エドワード・ピーズの甥のクエーカー教徒で証券仲買業者。ストックトン・ダーリングトン鉄道会社の株主で取締役。ロバート・スティーヴンソン社の共同出資者。

▼マイケル・ロングリッジ（一七八五～一八五八）　一八〇九年に、レール製造のベッドリントン製鉄所の経営者となり、二三年にロバート・スティーヴンソン社が設立されたときには共同出資者の一人となった。ロバート・スティーヴンソンが海外出張で不在のさいは会社の経営に携わった。三八年に蒸気機関車製造会社であるR・B・ロングリッジ社を設立した。

●—ロバート・スティーヴンソン社のビジネスカード　「ロバート・スティーヴンソン社」の社名の下に、「機関工(エンジニア)、機械据付工(ミルライト)、機械工(メカニスト)、真鍮・鉄鋳物業者」とあり、この会社の得意分野が示されている。図はニューカッスルのタイン川にかかるハイレベル・ブリッジを描いたもので、この橋自体、ロバート・スティーヴンソン社が一八四七〜四九年にかけて設計・建造したこの会社を代表する作品となった。したがって、このカードは四九年以後に作成・使用されたものである。

●—エドワード・ピーズ(一七六七〜一八五八)　ダーリングトンの毛織物製造業者で、ストックトン・ダーリングトン鉄道建設の影の立役者ともいうべき人物。金融業のクエーカー教徒の人脈を使って鉄道建設を推進した。

であった。計画案自体は早くも一八二一年には提起され、二四年にはそのための会社も設立された。会社の幹部は建設中のストックトン・ダーリングトン鉄道を数度視察し、ジョージに測量と準備を依頼し、ジョージと雇用契約を結んだ。

一八二五年には鉄道建設のための法案が議会に提出されたが、このときも線路が敷かれる土地の農場経営者や大地主らから激しい反対運動が起こり、建設計画が不十分だとして却下されてしまった。反対派が問題にしたのは、とくに「チャット・モース」と呼ばれた湿地帯を安全に運行する方法であった。ジョージはこの件を審議する委員会に呼ばれ、説明したが、厳しい批判にさらされた。建設推進派は翌年に法案を再提出したが、反対派をなだめるために、測量関係の技術責任者をジョージ・レニー▲とジョン・レニーの兄弟にかえるなどして、長い審議を切り抜け、法案はようやく議会を通過した。その直後に、ジョージは再び技術責任者に任命された。この工事でいちばん問題にされたのは、チャット・モースの通過法であったが、ジョージは線路を通す場所の表面に石を敷き、その上に線路を設けるという方法で切り抜けた。

▼**ジョージ・レニー**（一七九一〜一八六六）　有名な土木技師ジョン・レニーの長男として、ロンドンで生まれた。エディンバラ大学卒業後、造幣局の機械主任に任命された。一八二一年に弟のジョンと土木関係の会社を設立したが、自身は機械製造を専門とした（弟ジョンの解説〈七九頁〉も参照）。

だが、もう一つ問題があった。それは、外部の技師の助言に従った会社の幹部が、いくつかの区間では蒸気機関車ではなく、固定式蒸気機関の牽引力を使おうとしたことであった。これに対してジョージは機関車の採用を強く主張した。結局、会社の幹部はジョージの方法を検討するために、五〇〇ポンドの懸賞金をかけて公開競争を行うことにした。機関車の時速、エンジンの重量、建造費などの条件が定められ、公開競争の開催日も決められた。

ロケット号

この公開競争でジョージたちの蒸気機関車として登場したのが、有名な「ロケット号」である。この機関車は、息子ロバートが直接監督してニューカッスルの工場で建造されたが、幾度もの失敗をへたあとの苦心の作であった。機関車の牽引力を増強するために、ボイラーの加熱面積をふやし、ボイラーと煙道をつなぐ管を工夫するなどの改良を積み重ねていた。公開競争には他に三両の機関車が参加したが、実質的な競争相手はジョン・ブレイスウェイト▲とジョン・エリクソン▲が製作したノヴェルティ号と目されていた。ロケット号

▼ジョン・ブレイスウェイト（一七九七〜一八七〇）　ロンドン生まれの機械設計者。蒸気機関車「ノヴェルティ号」のほか、蒸気で作動する史上初の消防用ポンプを製作した。イースタン・カウンティーズ鉄道の建設にも関与した。

▼ジョン・エリクソン（一八〇三〜八九）　スウェーデン人の機械設計者。測量教育を受けたのち軍務に従事。イギリスでブレイスウェイトとともに「ノヴェルティ号」などの設計に携わったのち、三九年にアメリカ合衆国に渡り、海軍のスクリュー蒸気船を設計した。

とともに、事前の試走では良好な結果を残していたからである。

正式な競技は、一八二九年十月六日から一週間にわたり、リヴァプール近郊のレインヒルにおいておこなわれた。途中に三キロほど高低差のある場所を通り、片道五六キロの線路を往復して、平均時速一六キロ以上で走行しなくてはならなかった。ロケット号は、往復に約六時間かかり、指定された平均時速一九キロという条件を見事にクリアした。ノヴェルティ号は事前の試験走行では条件を上回る速度を出していたが、競技当日には動き出してすぐにパイプが外れるなどのことがかさなり、結局まともに走れなかった。ノヴェルティ号はもともと線路ではなく、道路を運行する目的で製作されていた蒸気自動車であったため、鉄道機関車としては技術的なレベルが十分でなかった。他の二両はもともと重量オーバーであったり、走行速度が条件以下であったりした。結局、この競技会でロケット号は完勝し、ジョージは賞金五〇〇ポンドを獲得した。

しかしこれ以上に重要であったのは、鉄道建設反対派がロケット号の技術力を高く評価し、建設賛成にまわったことである。一八三〇年九月十五日に、リヴァプール・マンチェスタ鉄道会社は八両の蒸気機関車を所有して営業を始め

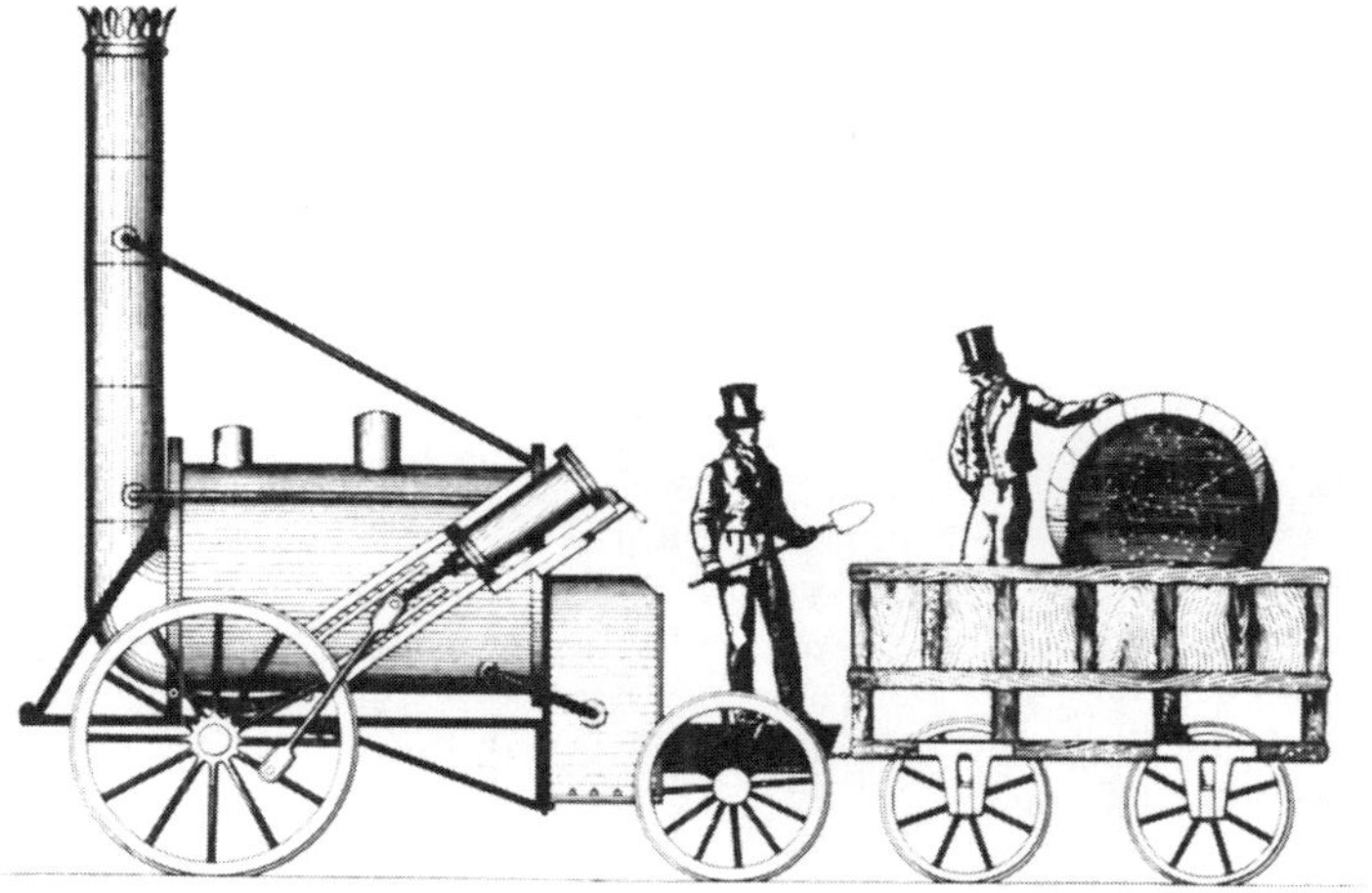

●——ロケット号

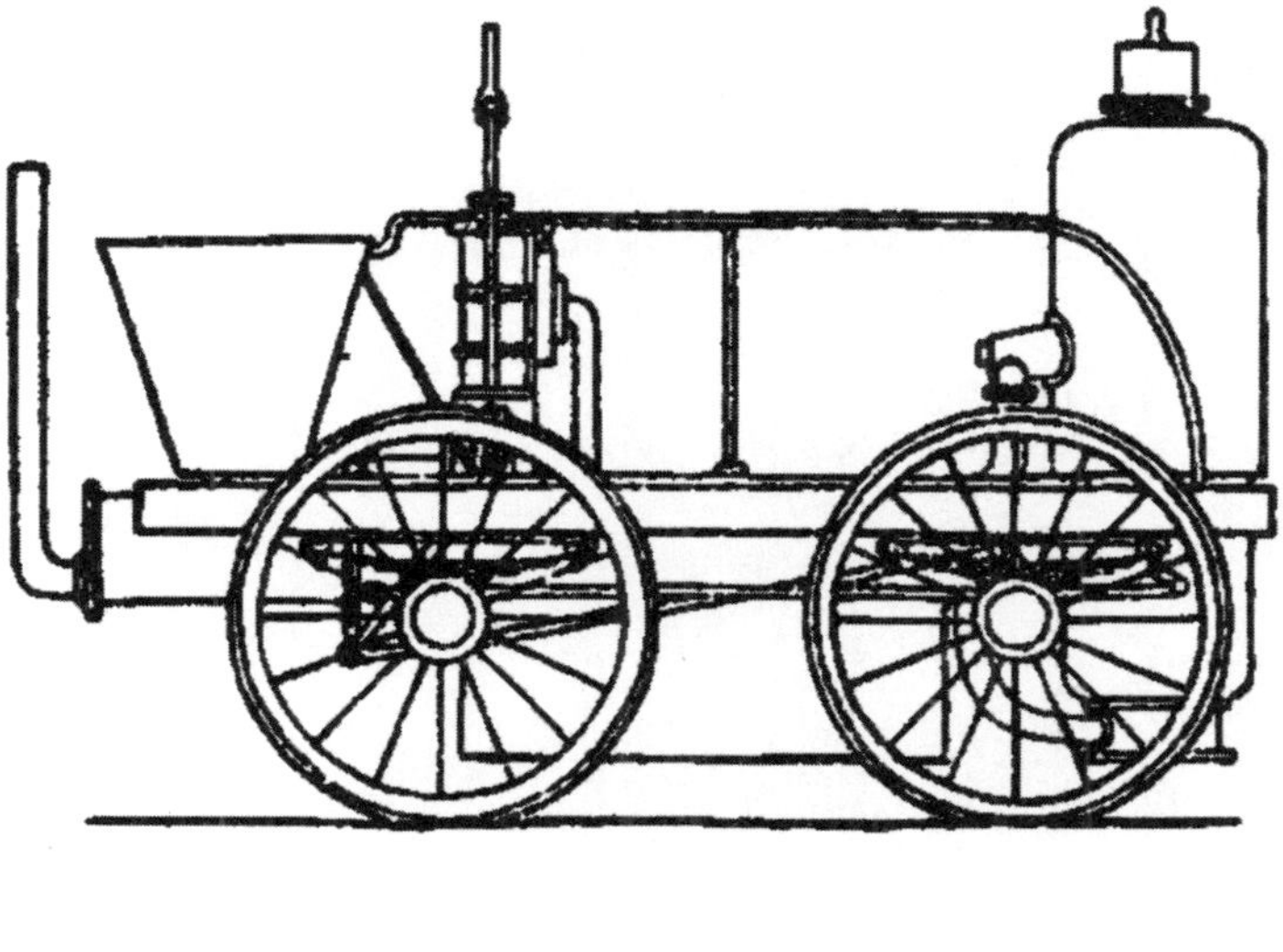

●——ノヴェルティ号

た。こうして鉄道時代の幕が切って落とされた。開業式は、首相のウェリントン公爵をはじめ、著名人が多数参列しておこなわれたが、商務大臣が事故死するというできごとが起こり、汚点を残した。その後、リヴァプール・マンチェスタ鉄道会社は株主への配当率が平均して年九・五％になったことにあらわれているように、順調に営業活動を進めた。蒸気機関車の採用によって両都市間の輸送時間・費用は半分になり、蒸気機関車の有用性はもはや疑いようのないものになった。

その後の鉄道建設

一八三〇年から引退する四五年までのジョージの人生は、イギリスの鉄道発展史そのものとさえいわれる。ジョージが相談を受けなかった鉄道建設計画はほとんどなかったし、彼の助けなしに重要な線路は建設できなかったからである。ジョージが技師長として関与した鉄道建設計画で、おもなものは次のとおりである。

(1)グランド・ジャンクション線（リヴァプール・マンチェスタとバーミンガムをつ

ジョージが技師長として関与した鉄道建設計画

なぐ）。一八三三年に計画が始まり、弟子のジョゼフ・ロックによって完成した。

(2)マンチェスタ・リーズ、バーミンガム・ダービー、ノルマントン・ヨーク、シェフィールド・ロタラムなど。一八三六年に計画が開始された。

(3)ダービー・リーズ鉄道。一八三七年にジョージが監督となり、開始された。

この間に、例えばロケット号に蒸気噴射装置を取りつけて、時速を四六キロまで増加させたように、蒸気機関車自体の技術改良も進められた。そのおかげで蒸気機関車の設計・製造ではロバート・スティーヴンソン社が他社の追従を許さないまでになった。こうした状況においてスティーヴンソン父子が鉄道建設に残した大きな遺産は、線路の標準ゲージ（幅）を四フィート八・五インチ（一四三五ミリ）としたことである。以前は線路の幅が四フィート四〜七インチ（約一三〇〜一三七センチ）とやや狭く、かつまた一定でなく、場所によって幅が違っていた。したがって、路線ごとに蒸気機関車も換えねばならず、鉄道の全国網づくりの障害となっていた。

ジョージはリヴァプール・マンチェスタ鉄道の完成後、イングランド中部の

▼石灰製造工場　ダービーから北へ一五キロメートルほどのところにあるアンバーゲイト駅に立てられた石灰製造工場。原料である生石灰と、燃料の石炭はいずれも図に描かれている蒸気機関車で運ばれてきた。

ダービーとレスターの中間に位置するアッシュビ・デ・ラ・ズーシュ近郊のオールトン・グレインジへ転居した。そこで、リヴァプールの複数の友人に誘われて、チェスターフィールドの炭鉱開発に乗り出すとともに、ミッドランド鉄道のアンバーゲイト駅(ダービーから北へ一五キロほど)の近くで一日二〇〇トンを生産する大規模な石灰製造工場▲を建設した。石灰の原料と製造に使う燃料の石炭はともに、近隣から鉄道によって調達された。「鉄道の父」は、鉄道を有効に活用した製造業にも触手を伸ばしはじめたのである。

　一八三八年には、ニューカッスルで開催されたイギリス科学振興協会の年会で機械学部会の副責任者に選ばれた。ジョージは機械技師を含む職工のための民間教育機関メカニックス・インスティテュートの設立や支援にも強い関心を示していた。四七年にバーミンガムで機械技師協会が設立されたさいには初代会長に就任した。もっとも、この方面ではすでに一八一八年にロンドンで設立され、運河や有料道路建設に従事する土木技師などを組織した「シヴィル・エンジニア協会」が存在したが、ジョージはこのようなロンドン中心の「保守的な」組織をきらい、これに参加することはなかった。

ジョージは海外の鉄道建設事業にも関与していた。一八三五年にベルギー国王レオポルド一世(在位一八三一〜六五)は、ブリュッセルからヘントまでの国鉄建設計画に助言してもらうためにジョージを招待し、彼の貢献を評価して勲章を授けたのであった。無事に鉄道が完成した一八四一年には、今度は息子のロバートに同様の勲章が与えられた。四五年には鉄道建設のために北スペインを訪れている。

鉄道建設に対するジョージの貢献を顕彰する動きは、もちろんイングランドでもあった。ジョージ自身、ある手紙のなかで「ナイト位の申し出が数度あった」と記しているが、実際には二度でいずれも固辞している。同様に、国会議員の申し出もあった。立候補すれば選出は確実だと考えられていたサウス・シールズ選挙区からの立候補を打診されたが、ジョージはこれも断った。

晩年

六四歳で現役を引退したジョージは、チェスターフィールド近郊にあり、ノースミッドランド鉄道の線路を一望できる丘の上に建つ「タプトン・ハウス」▲

▼**「タプトン・ハウス」** 図の中央上部に描かれた山の上にある家が「タプトン・ハウス」である。ここからは、図の中央に小さく描かれたノースミッドランド鉄道や煙突から煙を出している石灰工場が一望できた。

を借りて、園芸にいそしんだ。肥料づくりや牧畜、鶏の人工孵化《ふか》や肥育化に励み、温室もつくってブドウ・メロン・パイナップルなどを育てた。一八四五年には二〇年以上も連れ添った妻エリザベスに先立たれたが、四八年一月には家政婦を務めていたエレン・グレゴリーと三度目の結婚をした。エレンは農場経営者の娘であった。だが、二人の幸福な生活は長くは続かなかった。この年の八月十二日、ジョージは自宅のタプトン・ハウスで肋膜炎のため死亡した。六七歳だった。

「才能と勤労によって」をモットーに

スマイルズが注目してくれたお陰で、それまでなら取り上げられることすらなかった技術者に光があたるようになった。現代の視点からスマイルズの描き方を批判することはたやすいが、実業に従事する人々を軽蔑するとまではいわないにしても、尊重することはほとんどないイギリスにおいて、彼のこの功績はやはり大きいといわなければならない。

ワットもスティーヴンソンも、出身階層は明らかに統治層のジェントルマンではなかったが、蒸気機関の発明や鉄道への応用という技術分野での成功によって、ジェントルマン入りすることは十分に可能であった。もっと、二人とも准男爵位やナイト位の申し出を辞退して、自らその道を選択しなかった。それはおそらく、生き方に関する価値観の違いによるのであろう。ワットの死後、ワット家には「才能と勤労によって」というモットーとともに家紋が認められたという(五八頁参照)。このモットーは、労働しないことを徳目とするジェントルマンと正反対の姿勢を示しているからである。

ワットとスティーヴンソンが活躍した時期はおおよそ半世紀ずれていたが、ともに技術に関わったため、特許や鉄道敷設事業をつうじて何度か議会と接触をもった。議会と技術者のこのような距離の近さこそが、イギリスの大きな特色であると筆者は考える。公論が形成される議会は、特許や鉄道事業に関して関係者の利害を公《おおやけ》に調停する場でもあって、技術者は自らの技術をつうじていともたやすくこの公共の場(公共圏)に出入りした。

ワットとスティーヴンソンの人生をこれまで以上に社会史の視点からとらえようとするなら、今後はこの方面の研究が欠かせまい。

ワットとその時代

西暦	年齢	おもな事項
1736	0	スコットランドのグリノックで生まれる
1755	19	ロンドンへ出て，科学機器製造業者モーガンのもとで働く
1756	20	グラスゴー大学の科学機器製造業者となる
1764	28	従姉妹のマーガレット・ミラーと結婚
1765	29	分離凝縮器を思いつく
1766	30	土木技師の仕事を始める
1769	33	「火力機関の蒸気と燃料を節約する新しい方法」で初めて特許取得
1773	37	第3子が出産時に死亡。まもなく妻も死亡
1774	38	バーミンガムへ転居し，ボールトンと共同で蒸気機関の製作を開始
1776	40	アン・マグリガと再婚
1781	45	回転運動を可能にする「太陽と惑星運動」機構で特許を取得
1798	62	ウェールズのライアダで隠居用住居を購入
1819	83	死去

スティーヴンソンとその時代

西暦	年齢	おもな事項
1781	0	イングランドのウィラムで生まれる
1798	17	ウォーター・ロウ炭鉱で機関作業員になる
1802	21	フランシス・ヘンダーソンと結婚
1803	22	唯一の息子ロバートが誕生
1805	24	長女が出産直後に死亡
1806	25	妻が結核で死亡
1811	30	「大同盟」所有の全炭鉱の機械管理者となる
1814	33	蒸気機関車「ブリュッヘル号」を製造
1815	34	炭鉱用安全ランプを発明
1820	39	エリザベス・ヒンドマシューと再婚，ウィロウブリッジ炭鉱を共同所有
1821	40	ストックトン・ダーリングトン鉄道の敷設事業で技師長となる
1825	44	ストックトン・ダーリングトン鉄道開業。ロバート・スティーヴンソン会社を設立
1829	48	「ロケット号」が公開競争で完勝
1845	64	引退，妻が死亡
1848	67	エレン・グレゴリーと三度目の結婚。自宅のタプトン・ハウスで肋膜炎で死去

参考文献

蒸気機関の発明

小林学『19 世紀における高圧蒸気原動機の発展に関する研究——水蒸気と鋼の時代』北海道大学出版会，2013 年

チャールズ・シンガー他編（田辺振太郎訳編）『技術の歴史　7 ——産業革命（上）』筑摩書房，1979 年

H・W・ディキンソン（磯田浩訳）『蒸気動力の歴史』平凡社，1994 年

Richard L. Hills, *Power from Steam: A History of the Stationary Steam Engine*, Cambridge UniversityPress, 1989

鉄道の誕生

湯沢威『鉄道の誕生——イギリスから世界へ』創元社，2014 年

ワットの伝記・研究

サミユール・スマイルス（伊澤梅吉訳）『機械の父ワット正傳』日本海事学会出版部，1933 年

ディッキンソン（原光雄訳）『ジェームズ・ワット』創元社，1941 年

橋本毅彦『近代発明家列伝——世界をつないだ九つの技術』岩波書店，2013 年

三石巌『ワット』日本図書，1947 年

A. N. Davenport, *James Watt and the Patent System*, British Library Board, 1989

H. W. Dickinson, *James Watt: Craftsman and Engineer*, Cambridge University Press, 1936（repr: 2010）

Harold Dorn, 'Watt, James', *Dictionary of Scientific Biography*, 1980

David Philip Miller, *James Watt, Chemist*, Pickering & Chatto, 2009

James Patrick Muirhead, *The Life of James Watt:With Selections from his Correspondence*, John Murray, 1858（repr. : Archival Facsimiles Ltd., 1987）

Eric Robinson and A. E. Musson（eds.）, *James Watt and the Steam Revolution: A Documentary Hsistory*, Adams & Dart, 1969

Sir Eric Roll, *An early Experiment in Industrial Organisation: Being a History of the Firm of Boulton & Watt, 1775-1805*, Frank Cass & Co., 1st ed., 1930, New ed., 1968

Ben Russell, *James Watt: Making the World Anew*, Reaktion Books Ltd., 2014

Jennifer Tann, 'Watt, James（1736-1819）', *Oxford Dictionary of National Biography*, 2004

スティーヴンソンの伝記・研究

Hunter Davies, George Stephenson: *The Remarkable Life of the Founder of the Railways*, 1st. ed.: Weidenfeld and Nicolson, 1975, rev. ed.,: Sutton Pub. Ltd., 2004

Michael R. Bailey（ed.）, *Robert Stephenson: the Eminent Engineer*, Ashgate, 2003

M. W. Kirby, 'Stephenson, George（1781-1848）', *Oxford Dictionary of National Biography*, 2003

L. T. C. Rolt, *George and Robert Stephenson: the Railway Revolution*, Amberley, 2009

David Ross, *George & Robert Stephenson: A Passion for Success*, The History Press, 2010

その他

本文で言及した人物のうち，生没年を明記した人物については，*Oxford Dictionary of National Biography* か，*The Complete Dictionary of Scientific Biography* を参照。

平川祐弘『天ハ自ラ助クルモノヲ助ク――中村正直と『西国立志編』』名古屋大学出版会，2006 年

H. I. Dutton, *The Patent System and Inventive Activity during the Industrial Revolution, 1750–1852*, Manchester University Press, 1984

Richard L. Hills, *Power from Steam: A History of the Stationary Steam Engine*, Cambridge University Press, 1989

D. M. Knight, *Humphry Davy: Science and Power*, Blackwell, 1992

Christine MacLeod, *Inventing the Industrial Revolution: The English Patent System, 1660–1800*, Cambridge University Press, 1988

Christine MacLeod, *Heroes of Invention: Technology, Liberalism and British Identity, 1750–1914*, Cambridge University Press, 2007

Kenneth Quickenden, Sally Baggott and Malcolm Dick (eds.), *Matthew Boulton: Enterprising Industrialist of the Enlightenment*, Ashgate, 2013

G. N. von Tunzelmann, *Steam Power and British Industrialization to 1860*, Clarendon Press, 1978

謝辞　本書はJSPS科研費（基盤研究（B）平成26～29年度「近代イギリスにおける科学の制度化と公共圏」（研究代表者：大野誠），課題番号：26284088）の助成を受けたものです。

図版出典一覧

H・W・ディキンソン（磯田浩訳）『蒸気動力の歴史』平凡社，1994年 *71* 下

Maurice Daumas, *Scientific Instruments of the 17th & 18th Centuries and their Makers*, Portman Press, 1972. *11* 下

Roland Poxton, 'Stevenson, Robert', *Oxford Dictionary of National Biography*, vol. 52. *79*

L. T. C. Rolt, *George and Robert Stephenson: The Railway Revolution*, Gloucestershire, Amberley, 2009. *61, 73, 81* 上 , *87* 下

David Ross, *George & Robert Stephenson: A Passion for Success,* Gloucestershire, The History Press, 2010. *63, 81* 下 , *83, 87* 上 , *90, 91*

Thomas, Savery, *The Engine for Raising Water by Fire*, 1702, Figs. 1–2. *17*

Samuel Smiles, *Lives of the Engineers*, vol. 3, New York, Augustus M. Kelley, Publishers, 1968. *68*

The Open University, *Science and the Rise of Technology since 1800: Units1-3, The Historical Perspective*, The Open University, 1973. *15* 下

Henry Winram Dickinson, *James Watt: Craftsman and Engineer*, Cambridge University Press, 1936 (repr: 2010). *11* 上

慶應義塾福澤研究センター蔵 *4*

ユニフォトプレス提供 カバー表 , カバー裏 , 扉 , *15* 上 , *55, 71* 上 , *75*

大野誠（おおの　まこと）
1952年生まれ。
名古屋大学大学院工学研究科修士課程修了（化学工学専攻）
東京大学大学院理学系研究科修士課程修了（科学史専攻）
名古屋大学大学院文学研究科博士課程単位取得満期退学（西洋史専攻）
専攻，近代イギリス史・科学史
現在，愛知県立大学外国語学部教授，化学史学会会長

主要著書・訳書

『科学史へのいざない——科学革命期の原典を読む』（南窓社 1992）
『世界史リブレット 34　ジェントルマンと科学』（山川出版社 1998）
マイケル・ハンター『イギリス科学革命——王政復古期の科学と社会』（訳，南窓社 1999）
『近代イギリスと公共圏』（編著，昭和堂 2009）
化学史学会編『化学史事典』（編集長，化学同人 2017）

世界史リブレット人㊾

ワットとスティーヴンソン
産業革命《さんぎょうかくめい》の技術者《ぎじゅつしゃ》

2017年10月20日　1版1刷印刷
2017年10月30日　1版1刷発行

著者：大野《おおの》 誠《まこと》

発行者：野澤伸平

装幀者：菊地信義

発行所：株式会社 山川出版社

〒101-0047　東京都千代田区内神田1-13-13
電話　03-3293-8131（営業）8134（編集）
https://www.yamakawa.co.jp/
振替　00120-9-43993

印刷所：株式会社 プロスト

製本所：株式会社 ブロケード

 ISBN978-4-634-35059-5

世界史リブレット 人

1 ハンムラビ王——中田一郎
2 ラメセス2世—高宮いづみ・河合 望
3 ネブカドネザル2世——山田重郎
4 ペリクレス——前沢伸行
5 アレクサンドロス大王——澤田典子
6 古代ギリシアの思想家たち—髙畠純夫
7 カエサル——毛利 晶
8 ユリアヌス——南川高志
9 ユスティニアヌス大帝——大月康弘
10 孔子——高木智見
11 商鞅——太田幸男
12 武帝——冨田健之
13 光武帝——小嶋茂稔
14 冒頓単于——澤田 勲
15 曹操——石井 仁
16 孝文帝——佐川英治
17 柳宗元——戸崎哲彦
18 安禄山——森部 豊
19 アーイシャ——花田宇秋
20 マンスール——高野太輔
21 アブド・アッラフマーン1世—佐藤健太郎
22 ニザーム・アルムルク——井谷鋼造
23 ラシード・アッディーン——渡部良子
24 サラディン——松田俊道
25 ガザーリー——青柳かおる
26 イブン・ハルドゥーン——吉村武典
27 レオ・アフリカヌス——堀井 優
28 イブン・ジュバイルとイブン・バットゥータ——家島彦一
29 カール大帝——佐藤彰一
30 ノルマンディー公ウィリアム—有光秀行
31 ウルバヌス2世と十字軍——池谷文夫
32 ジャンヌ・ダルクと百年戦争—加藤 玄
33 王安石——小林義廣
34 クビライ・カン——堤 一昭
35 マルコ・ポーロ——海老沢哲雄
36 ティムール——久保一之
37 李成桂——桑野栄治
38 永楽帝——荷見守義
39 アルタン——井上 治
40 ホンタイジ——楠木賢道
41 李自成——佐藤文俊
42 鄭成功——奈良修一
43 康熙帝——岸本美緒
44 スレイマン1世——林佳世子
45 アッバース1世——前田弘毅
46 バーブル——間野英二
47 大航海の人々——合田昌史
48 コルテスとピサロ——安村直己
49 マキャヴェッリ——北田葉子
50 ルター、ミュンツァー、ツヴィングリ、カルヴァン——森田安一
51 エリザベス女王——青木道彦
52 フェリペ2世——立石博高
53 クロムウェル——小泉 徹
54 ルイ14世とリシュリュー——林田伸一
55 フリードリヒ大王——屋敷二郎
56 マリア・テレジアとヨーゼフ2世—稲野 強
57 ピョートル大帝——土肥恒之
58 コシューシコ——小山 哲
59 ワットとスティーヴンソン—大野 誠
60 ワシントン——中野勝朗
61 ロベスピエール——松浦義弘
62 ナポレオン——上垣 豊
63 ヴィクトリア女王、ディズレーリ、グラッドストン——勝田俊輔
64 ガリバルディ——北村暁夫
65 ビスマルク——大内宏一
66 リンカン——岡山 裕
67 ムハンマド・アリー——加藤 博
68 ラッフルズ——坪井祐司
69 チュラロンコン——小泉順子
70 魏源と林則徐——大谷敏夫
71 曾国藩——清水 稔
72 金玉均——原田 環
73 レーニン——和田春樹
74 ウィルソン——長沼秀世
75 ビリャとサパタ——国本伊代
76 西太后——深澤秀男
77 梁啓超——高柳信夫
78 袁世凱——田中比呂志
79 宋慶齢——石川照子
80 近代中央アジアの群像——小松久男
81 ファン・ボイ・チャウ——今井昭夫
82 ホセ・リサール——池端雪浦
83 アフガーニー——小杉 泰
84 ムハンマド・アブドゥフ——松本 弘
85 イブン・アブドゥル・ワッハーブとイブン・サウード——保坂修司
86 ムスタファ・ケマル——設楽國廣
87 ローザ・ルクセンブルク—姫岡とし子
88 ムッソリーニ——高橋 進
89 スターリン——中嶋 毅
90 陳独秀——長堀祐造
91 ガンディー——井坂理穂
92 スカルノ——鈴木恒之
93 フランクリン・ローズヴェルト—久保文明
94 汪兆銘——劉 傑
95 ヒトラー——木村靖二
96 ド・ゴール——渡辺和行
97 チャーチル——木畑洋一
98 ナセル——池田美佐子
99 ンクルマ——砂野幸稔
100 ホメイニー——富田健次

〈シロヌキ数字は既刊〉